校長｜副校長｜教頭｜主幹｜主任 etc.

期待される学校のバランス・マネジメント

佐野浩志

東洋館出版社

はじめに

私はまだ、校長としては駆け出しの未熟者です。そんな自分がどうして、このような本を出版したいと願い、いま、こうやって書いているかといえば、先生方や学校を応援したいという気持ちからです（現場で感じる学校教育への危機感への裏返しでもあります）。

私が学級担任のころのことです。

ある冬の寒い朝、３年生の男の子たちが質問してきました。

「先生、雪の下の土って、凍ってる？　凍ってない？」

「凍ってたら、虫とか死んじゃう」

どの子も心配そうな面もちです。

私は温度計を差し出しながら、次のように言いました。

「雪を掘って、土の温度を測ってみたら？」

中休みになると、その子たちは一目散に学校の中庭に飛び出していきました。しかし

その年は雪が多く、中庭は１メートル以上もの雪が積もっています。いくらがんばって

雪を掘っても、中休みだけでは土にたどり着きません。そこで、昼休みも雪掘りです。そうまでしてようやく土に温度計を挿すことができたようです。私はその様子を教室の窓から眺めていました。

しばらくすると、頬を紅潮させながら教室に帰ってきた子どもたちが言いました。

「先生、土は凍ってなかったです！　温度もぎりぎりプラスでした」

ある女の子は、黙々とまじめに掃除をする子でした。私はその子の様子をクラスメイトに知ってほしかったのだけれど、彼女はみんなの前でほめられるのがあまり好きではないようです。そこで私は、こっそり声をかけました。

「いつもあなたがテレビ台の後ろを一生懸命拭き掃除しているのを見ていますよ。とても偉いと思います」

その子は表情ひとつ変えず、黙ってただうなずくだけでした。

別のあるときは、教室の床に敷き詰められた30センチ四方のタイルを拭いていました。どうやら吹き終わったタイルを一枚一枚数えている様子です。〝いったい、何枚拭いているのだろう〟と気になった私は、次の日、掃除の様子を観察した後、再び声をかけました。

「今日、43枚も床のタイルをきれいにしていましたね。すごいですね」

彼女は、一瞬驚いた様子で私を見上げ、少し経ってからにっこり微笑みました。〝ちゃんと数、あってたんだぁ〟と私は胸をなで下ろしました。

成人したかつての教え子たちとの会食の席でのことです。「いまでも一番怖い人は、佐野先生！」などと言い合ってはみな、たのしそうに語り合っていました。

そんなかれらはかつて、本当によく泣く子どもたちでした。学年2クラスあったものの、総勢41人でしたから、どんな活動もみな一緒です。ときには一つの教室に両方のクラスの机を持ち込んで授業したこともありました。

学習発表会では「自分たちはやり切った」と泣き、6年生を送る会に参加してくれた（自分たちが4月から可愛がっていた）1年生の成長を見て泣き、自分たちが送り出される寂しさに泣き、奉仕活動でお世話になった人たちに最後の挨拶に行っては泣いていました。

万事その調子なので、卒業式は推して知るべし。

なにかつらいことがあるたびに、私は教え子たちに助けられてきたように思います。なぜかそんなときをねらうかのように連絡がくるのです。

「佐野先生、お久しぶりです。カラオケに行きましょう」と。

30歳を越えた教え子たちが歌う歌は、「時の旅人」「マイバラード」「ビリーブ」などなど。いずれも小学生時代、参観日や行事などのときに自分たちが歌った楽曲です。

それはもう、次から次へとみんなで大合唱です。しかも、当時とまったく同じ2部合唱のバージョンで歌うものだから、不覚にも涙がこぼれそうになります。

教頭になったときも、校長になったときも、だれかしらが訪ねてきます。そのたびに「あのときは…」などとお礼を言われるのだけど、そうしたいのは私のほうです。

なかには、同級生同士で結婚した子たちもいました。子どもが生まれれば写真を送ってくれるものだから、おじいちゃんにでもなったような気持ちにさせてくれます。


いずれも私の個人的なエピソードにすぎません。ただ、この仕事をつづけているみなさんもまた、なにかしら心が震える体験や思いを味わってこられたにちがいないと思います。

学校の先生は本来、とても幸せな職業のはずなのです。しかしながら学校現場はいま、若者たちからすっかり敬遠されてしまう場所になったようです。

「とてもじゃないけど、自分には担任の先生なんか務まりません」そう言って、学校を後にした教育実習生は一人や二人ではないと聞いたことがあります。せっかく教師になっても、1年で退職してしまう若者も少なくないという話も耳にします。

それが、多くの学校現場における現実なのでしょう。〝しかしそれでもなお…〟と私は思うのです。つらいこともたくさんあるけど、柔軟な発想、工夫次第で、働くのがたのしい場所にしていけるのが学校なんじゃないかなぁ…と。

その鍵を握るのが先生方のチーム力です。

職員室の風通しがいい、新しいチャレンジをおもしろいと思える、子どもたちの事実から語り合えるのがなによりたのしい、そんな雰囲気や関係性さえあれば、先生方のチーム力は（管理職があれこれ言わなくても）パワーアップします。

そんな学校には、「困難な状況をむしろチャンスだ」ととらえられるメンタリティが根を下ろします。すると次々とアイディアが生まれ、すごいスピードで形にし、トライアル&エラーで取り組むようになります。

民間企業では、外注に出すような案件も、およそ自前でやってのけるのが学校です。そうすることの功罪はあるにせよ、バイタリティという面ではすごいことなのです。〝先生たちの力は本当に計り知れないなぁ〟と思うのです。

それは、本校の先生たちも同じです。一人一人が企画力にあふれ、面倒をいとわず、他人の心情に寄り添いながら、チームで物事を進めています。校長としてこんなにうれしいことはありません。

しかし、そんなすばらしいチームであっても、業務がオーバーフローしてしまうこともあります。その結果、ネガティブな感情にとらわれてしまうこともあります。全国にはそんな学校がたくさんあるのだと思います。それが、巡り巡って若者の教師離れにもつながっているのでしょう。


私たちはそろそろ、考え方なり、やり方なりを根本的に改める時期に来ているように思います。**少なくとも、「子どもため」という名の下に、際限なく仕事をつくり出しつづけることはやめたほうがいい**と思うのです。もちろん、やらざるを得ない仕事も少なくありませんが、（管理職も含め）教師たち自身が取捨選択できる仕事も数多いのです。

学校のどんな仕事も「子どものため」にならないことはありません。どんな些細なことでも「子どもため」にしてしまえるのです。その結果、「してはいけないこと」以外はすべて、「（しないよりも）したほうがよいこと」になってしまうのです。

これは、教師の職場ではスクラップ&ビルドしにくい職業特性があることを示しています。だからこそ、それを踏まえたうえで、「これだけは絶対に欠けてはいけない（充実しなければならない）」仕事に全リソースを注げるようにすることが重要なのです。

主幹や指導教諭などの職階が生まれてずいぶん経ちますが、昔から変わらず言われていることがあります。それは「学校で一番たいへんなのは教頭（もしくは副校長）だ」というものです。教頭としての職務を全うできずに体調を崩してしまう方、自ら降格を願い出る方もいると聞きます。

それに対して、私はよく人からびっくりされます。なぜなら、教頭時代がたのしくて、仕方なかったからです。

たしかに業務量に目を向ければ、学級担任時代とは比べものにならないくらい増えたし、それまでとは異なるむずかしい問題解決を迫られる場面もたびたびありました。そのたびごとに、先生方と一緒に知恵を絞りながら危機を乗り越えてきました。

一つのヤマを乗り越えれば、また別のヤマがやってきます。このように書くと、どれだけ危機を乗り越えてもキリがないかのように思われるかもしれませんが、そんなことはありません。ヤマの乗り越え方がわかってくるからです。その代表格が、（本書のキー概念となるものですが）「仕事の整理のつけ方」です。危機を一つ一つ乗り越えるたびに、この整理の仕方は洗練していきます。加えて、危機を乗り越えるたびに、先生方との関係も深くなっていったように思います。

きつい時期を乗り越え、いまの自分があるのは、子どもたちや当時の仲間たちの支え、目標とするリーダー像を身近で見せてくださった当時の先生たちであり、リーダーとしての「見方・考え方」をどう働かせればよいかを指導してくださった、そのときどきの校長先生のおかげです。お礼をしたい人が多すぎて、語り尽くすことができそうにありません。

そうしたあふれる想いを冷静になって振り返り、一人でも多くのみなさんが「学校の先生ってたのしいよなぁ」「学校や学級を経営するっておもしろいなぁ」と思ってもらえるような本にしたいと思います。


本書では、主に次の事柄について論じていきます。

第1章では、学校のリーダーとして欠かすことができないと考えられる事柄をまとめています。私が考えていることの概要をお知らせするようなイメージです。

第2章では、どのようにしたら学校経営の重点を先生方に浸透させ得るかについてまとめています。

第3章では、職場でどのようなコミュニケーションを図れば、先生方のチーム力を引き上げられるかについてまとめています。

第４章では、危機管理に対する考え方をもとにして実際に実践したことをまとめています。リーダーの仕事のなかでもかなりの割合を占めるのが、この危機管理です。

学級の経営能力にすぐれた教師はさまざまな技術をもっています。そうした技術の一つ一つは、（学級経営にとどまらず）学校経営でも生かされます。殊に、学校の組織づくり、チーム力向上において効いてきます。

教師の仕事は、ともすると特殊な職種に見られがちですが（たしかにそうした面もありますが）、定性的な分野においては、どんな職種にも応用可能な、たしかなノウハウを有しています。殊に、フラットな関係性を土台として全体のパフォーマンスを引き上げることに長けたノウハウです。こうした学校経営のノウハウは、民間企業においても応用可能なものだと私は考えています。

本書が、少しでもみなさんの感覚に引っかかって、よりよい学校づくりの一助になりましたら幸いです。

令和６年２月吉日　札幌市立山鼻小学校長　佐野　浩志

〈目次〉

第2章　価値を実感できる校務のつなげ方、相手の心に届く伝え方

第3章　ちょっとやそっとじゃ揺らがない関係性を先生方とつくる

エピローグ　とある教育者の日常

第1章

どんなに困難な案件も、適切に整理すれば人々の納得を得られる

重視すべきはバランス

最初に、この数年のうちに行ってきたことの一端を簡単に列挙します。

[働き方改革モデル校について]

●民間のコンサルに入ってもらい、課題やアイディアを提供してもらった。
●本校で取り組んだ成果を全市に発表し、その後、市内各学校に広めた。
●異動先の学校でも、これまでの取組の成果を整理し、新たな取組を加えたことで、働き方改革表彰事業で表彰を受けた。

[一人一台端末の効果的な活用実践推進校の取組について]

●ＩＣＴに詳しい教諭や先進的な取組をしている教諭がいるわけではなく、全校あげて先生たちが取り組んでくれたおかげで、学習ｅポータル「まなびポケット」（提供元：ＮＴＴコミュニケーションズ）へのログイン回数が、たくさんの月で小・中学校３００校中１位となった。
●教師が子どもの学びのサポーターとなり、子ども自身が自分の学習を進めていくスタイルが定着した。その結果、学校に訪れた方が教室に入っても、そこでどんな学習が行われているのかがひと目ではわからないくらい、授業におけるＩＣＴ活用が日常になった　など。

このように列記すると、いかにも本校の武勇伝を自慢げに語っているかのように見えるかもしれません。しかし、本章で伝えたいことは別のことにあります。それは、どのようにして右に挙げた取組に着手し、実効をあげることができたかについてです。

1　働き方改革は数字合わせでは実現できない

私たちが日常的に目にする情報は、二項対立にあふれています。

ＡかＢか、どちらが正しくてどちらが間違っているか、どちらが妥当でどちらが不当か、まだましだと言えるのはどちらかなどを論じ合う手法は、エンターテインメント性が高く、いつの時代もトピック次第で人々の関心を集めます。ディベートを通して相手の言説の弱点をつければ、いかにも自分の論のほうが、説得力があるかのように見せられるからです。

自分の主張の正当性をアピールするために、テレビのコメンテーターや新聞の論説委員、選挙の立候補者などが二項対立をもち出しがちなのも、おそらくそのためでしょう。

しかし二項対立は、目の前にある現実の課題を解決する術にはなり得ません。（法や公序良俗に反する事柄でない限り）ある一方が、他の一方に対して絶対的に正しいと言えることなど、この世には一つとしてないからです。教育の世界がまさにそうです。どちらか一方の言説に偏れば、往々にして道を誤ります。

とはいえ、教育現場においても、よほど気をつけていないと二項対立のドグマ（教条的で堅固な心情）にとらわれてしまうこともあります。例を挙げれば、行きすぎた校則による縛りなど、たとえ一定の正当性があるルールであっても、〝だれにとっても必ずそうでなければならない〟と押しつけた途端に生まれる弊害です（画一的な授業など、教育活動も例外ではありません）。それでは（強いる側も含め）だれもウィルビーイングを享受することはできないでしょう。

いつの時代にも教育の世界で重視すべきは、利害関係者すべてのバ、ラ、ン、ス、を図るように努めることです。けっしてAかBかと白黒はっきりさせることではありません。二項対立をもち出す限り（本当なら越えられるはずの）ステージを越えられなくなってしまうのです。

働き方改革などもそうです。

私は以前、「帰れ帰ればかり言って、仕事も減らないのに、そんなことができるわけないじゃないか。時短ハラスメントだ」と主張する批判記事で読んだことがあります。事実、そのとおりだと思います。

そもそも、教育課程上の取組を少しずつ削り取っていけば、全教職員が毎日定時で帰れるようになるでしょうか。時間外勤務をせざるを得ないにせよ、月45時間以内、年間360時間以内に収められるでしょうか。

それはとてもむずかしいことです。奇をてらうことなく、優遇的な加配措置などを受けることもなく、働き方改革と真正面に取り組んだことのある**普通**の公立学校では、現実的にはそれが不可能に近いことを知っているはずです。

ただそうはいっても、スリム化そのものは必要不可欠です。現状「仕事量が圧倒的に多い」ことは間違いなく、その是正のためにやれることはなんでもやらなければなりません。

しかし、どんなに教育課程を見直し、校務の無駄をなくし、保護者や地域に協力を求めることができたとしても、「月45時間」のハードルは本当に高いのです。

なぜならば、私たちが相対しているのは成長途上にある子どもたちだからです。私たち教師の仕事はそうした子どもたちの成長の後押しをすることです。そうである以上、杓子定規な効率化ばかりに目を奪われてしまえば、かえって教育行為への教師のモチベーションを維持することがむずかしくなります。ひいては子どもの学習の質を下げてしまいかねません。

そもそも、人の迷惑を顧みず、のべつ幕なし雑談にふける教師などまずいません。際限なく無駄にだらだらと仕事をしているわけでもありません（一部にそういう教師がいることは承知していますし、それはたしかに問題です）。

教師の多くは「ゆっくり自分のペースで、心ゆくままに仕事をしたい」という願望をもっています。大概彼らは、子どものためにたのしい授業、子どものために丁寧なかかわりをしたいと思っています。

どんなにたくさんの仕事があっても、「子どもの成長を願って真摯に仕事をすれば、人間としての自分の成長につながる」と信じて取り組み、その大変さのなかにささやかな喜びを見いだす。多くの先生方はそのようにして、学校教育を担っているのです。

2 労務管理への意識を高める

こうした教師のよさ、学校教育のすばらしさを維持・向上していくためにも、私たち管理職は今後、よりいっそう「労務管理」を意識する必要があると思います。

本来、超勤4項目に該当する仕事以外、時間外勤務を命じられないのが原則[注①]です。しかしその一方で、時間外勤務手当や休日勤務手当の代わりに教職調整額を支給[注②]することとしていることで、なかば教師の自主的な時間外勤務を常態化させてしまっている現実があります。そのため、先生方にとって学校は、労務管理意識が希薄になりがちな職場なのです。

しかし、労務管理をしっかり行えるようにしない限り、数字合わせの働き方改革から抜け出せず、ブラックな職場環境だという負のイメージを払拭することはできません。いまのままでは今後も採用試験の倍率も下がりつづけ、教師不足がより深刻さを増してしまうことでしょう。

これもまたどちらか一方に偏ってしまう弊害の一つです。

教育課程や校務を適切にリフォームしつつ教師の負担を軽減し、それでいて保護者や地域の納得を得られる関係を築いていく。あるいは、リーダーが実現したいことに対して、教職員がポジティブになれる。立場が違えば利害も変わる関係性のなかで、いずれかに軸足を置くのではなく、バランスをとりながら教育活動の充実を図っていく。

こうしたことが本当に大切だと思いますし、そのために必要となるのが、だれもが納得できる仕事の整理、仕事のしやすい流れをつくることなのです。

［注①］公立の義務教育諸学校等の教育職員を正規の勤務時間を超えて勤務させる場合等の基準を定める政令第1号、第2号
［注②］公立の義務教育諸学校等の教育職員の給与等に関する特別措置法第3条、第4条

だれもが納得できる仕事の整理、仕事のしやすい流れをつくる

管理職として職務を遂行するとき、校務の難易度や量、分掌のバランス、プライベートの事情などの理由から、〝この件は、相手の納得を得られそうにないぞ〟と予見されることがたびたびあります。

そうしたとき、〝そうはいっても、やってもらわないと仕事が回らないのだから〟とばかりに、「先生もいろいろたいへんだと思いますが、よろしくお願いします」と口にすることもあるでしょう。

しかし私は、（致し方ないときもあると思いますが）一方的なお願いベースでなんとかしようなどとはしたくありません。相手から「そういうことでしたら、がんばって取り組みますよ」と言ってもらえるような「納得ポイント」を模索したいからです。

管理職の口から放たれた「お願いします」は、口頭であるとはいえ、書面による職務命令と同等の法的効果をもってしまいます。表面上いくら穏やかに伝えたとしても、相手にしてみれば、「断る余地などなく、やらなくてはいけないこと」になるのです。私は、

納得を得られないまま相手が仕事に着手せざるを得ない状況をつくってしまうことが、どうにも好きになれません。

こうしたことから、次の事柄を重視しているのです。

●その仕事は、相手にとってどのような意味や意義のある仕事なのかを「整理」し、相手から「そういうことならわかります」と言ってもらえる「流れ」をつくる。

たとえ手間暇を要しても、相手の納得をしっかり得られれば、当該職員のモチベーションを不必要に下げずに済みます。それどころか、やる気をもって取り組んでくれる確度も上がるのです。

通知表作成に要する先生方の負担を軽減する

1　通知表作成に要する労力

（地域や学校によると思いますが）通知表はおよそ、子ども1人につき500字程度記述します（全体所見に200字、外国語の所見に100字、道徳所見に100字、総合的な学習の時間の所見に100字程度)。40人学級であればその40倍。400字詰め原稿用紙に換算すると、実に50枚にも及びます。どの学校の先生方も、学期ごとにこの作業を行っています。

400字詰め原稿用紙1枚分を書く時間は人それぞれだと思いますが、「項目ごとに、なにを書くか考え、言葉を選び、実際に書いてみて推敲する」には相当の時間を要します。書くのが好きな先生、書くのが早い先生であっても、20分はかかると思います。その50枚分だとすると…。

私が若いころは全体所見だけだったので、比較的楽でした。それでも毎回徹夜です。とにかく一気に書き切って管理職に提出していました。しかし、いまの先生方はそうはいきません。

まず私のように一気書きが許されません。下書きして学年主任や管理職に見せ、意見がついたところを修正し、さらに担任外、教頭(または副校長)、校長みんなで一つ一つ校正しながら誤字脱字をなくし、言い回しや漢字の使い方などについても適正化を図っていきます。加えて多くの先生方は、勤務時間を過ぎてからこうした作業を行っています。

先ほど通知表における教師の作文は、1学級につき原稿用紙50枚分などと書きましたが、これを学校単位で考えると、全学年20学級あれば実に原稿用紙1000枚分もの校正を行うことになります。地域や学校によって多少の違いはあるでしょうが、毎回それだけの時間と労力をかけて作成されているのが通知表なのです。

2　勤務時間内にできる通知表作業日を設定する

通知表の目的は、「子どもや保護者に学習状況の様子を伝え、その後の学習に対する理解や協力に役立たせる」ことにあると言います。しかし、それだけではないと私は考えています。先生方が評価・評定の作業を行うことを通して、自分たちの日々の授業を見直し（指導と評価の一体化を図り）子どもたちの学びをより充実するためのものでもあり、本来的には学校と家庭の双方にとって有意味の取組であるはずだということです。

しかし実態は、（前述のように）先生方にとって非常に大きな負担になっています。そんな先生方の様子を見ていて「せめて下書きしたり、修正したりする時間くらいは勤務時間内に確保できないものか」と考えて行ったのが、年間計画に「評価研修日」（教職員研修日）を位置づけることでした。評価研修日は「午前授業で給食を食べて帰る日」にして、午後は「通知表作成にかかわる作業を行える時間」に充てることにしたのです。

この研修日は年間で5日確保します。これにも理由があります。

私は以前、「通知表ウィーク」と称して、会議や打ち合わせを入れない1週間を設定したことがあります。しかし、期待したほどの効果は得られませんでした。先生方のなかで「負担が軽減した」という「実感」が生まれなかったからです。そこで考えたのが、この「評価研修日」でした。

その日の午後は、先生方が一斉に通知表作成にとりかかります。勤務時間中のまとまった時間に集中して文面を考えられるだけでなく、管理職や教務主任、研究主任などもいるので、なにかわからないことがあれば、そのつど意見を求めることができます。学年主任を中心として学年団でディスカッションすることもできるので、迷いや悩みもその場で解消することができます。

さらに、作成段階で管理職などからもちょっとしたチェックをしてもらえるので、記述内容や書きぶりについて書き直しをさせられることがほとんどなくなります。しかも、「よい通知表とはどのようなものか」を学べる（研修できる）機会ともなりますから、若い先生方からはとくに好評です。

この「評価研修」を実行に移すためには、保護者の理解が欠かせません。共働きをはじめとしてお昼過ぎには家にだれもいない家庭では、6時間目まで授業があったほうが助かると考える保護者は少なくありませんから。そのため、伝え方には工夫が必要です。

もし仮に、工夫らしい工夫をせず、「次の水曜日は教員研修日なので、半日授業となります」と唐突に伝えるだけであれば、不満に思った保護者から「学校の都合ばかり押しつけないでください」などと連絡を寄こしてくるかもしれません。そこで、次のように研修の目的を説明していました。

「お子さんの学びをしっかり反映できる通知表にするための研修です。しっかり学んで、子どもたちのよさを見取り、指導に生かせる力量形成を図ります」

こうした説明ひとつするかで、保護者の受け止め方は大きく変わります。実際、否定的な意見が学校に寄せられることはありませんでした。

「(学力をはじめとして)子どもを育てる」という総論で考える限り、学校と家庭の利害は一致しています。しかし、各論となるとそうはいきません。ときに利害が衝突し、こじれてしまうこともあります。

さまざまなシチュエーションが考えられますが、衝突してしまう原因の一つに挙げられるのが、学校という存在に対する認識の不一致です。

(当たり前の話ですが)だれもが学校に通った経験があります。そのため、学校とはどのような場所なのかを自分の経験として知っています。ましてその学校がかつて通っていた母校であればなおさらです。そうであるがゆえに、学校と家庭との間には認識の隔たりが生まれてしまうのです。

一つ一つの仕事を遂行するために、先生方がどれだけ気を遣いながら時間と労力をかけているのかを知っている保護者はまずいません。そのため、学校からの発信が自分の認識と食い違うと、どれだけ誠意を尽くして説明しても理解してもらえず、「（私が子どものころに通っていた学校ではそんなことはなかった。だから）この学校はおかしい」となりがちです。こうした思い込み・すれ違いが、学校と家庭との意思疎通をむずかしくしてしまうのです。

とかく学校は、（よくも悪くも）誤解を受けやすい場所です。そのため、家庭だけでなく地域を含めた学校外の人たちから理解を得るためには、なにを課題としているのか、その課題解決に必要なことはなにかを整理し、相手方にとって「そうしてもらえるとありがたい」、あるいは「そういうことなら仕方がない」と思ってもらえる理由・方法・説明を用意する必要があるのです。

端的に言えば、**保護者が納得できる道筋と先生方が納得できる道筋は異なるので、それぞれに適した筋道を個別につける**ことです。それを本書では「リーダーの行うべき整理のつけ方」だと称しています。

利害が異なる者同士であっても、注意深く、思慮深く考えれば、双方がそれぞれに納得できる整理のつけ方を見つけ出せると思います。そしてそれこそが、私が考えるリーダーの果たすべき重要な役割なのです。

とはいえ、あまりむずかしく考える必要はありません。実際に私が行ったのは、先生方の負担を軽減するために年に5日間「評価研修日」を設定する一方で、教師の評価力を上げることが子どもの学力向上につながることを保護者に説明しただけです。

結果、先生方にとっても、保護者にとっても、子どもにとってもいい、いわば「三方よし」（近江商人の経営哲学のひとつ。「買い手よし、売り手よし、世間よし」）の取組にすることができたわけです。すなわち、**時間を節約する「働き方改革」ではなく、時間を確保する「働き方改革」の一つだ**と言えるでしょう。

ところで、この「評価研修日」の効果や方法、留意点などについて、市内のあちらこちらで話していたところ、取り入れてくれた学校が何校も現れ、いずれもうまくいっているようです。

通知表を年度末の1回にする整理

1　どのような考えや方法のもとに実現したのか

「評価研修」が軌道に乗った後、今度は通知表を年度末の1回とする（発行回数を減らす）取組に手をつけました。実現できれば、先生方の負担は劇的に軽減されます。しかし、この取組の整理はきわめてむずかしいだろうから、内心〝さすがに実現できる可能性は低いだろうな〟とも考えていました。

風向きが変わったのは、2021年度（令和3年度）からです。

新型コロナウィルス感染症による学級閉鎖が長引いたこともあり、通知表の発行時期をずらさなければならなくなるなど、市内のどの学校でも対応に苦慮していました。また、全国的にも働き方改革への機運が高まったこともあり、通知表の発行回数を減らしたり、完全になくしてしまったりした学校も現れはじめていました。

このとき、〝これは、好機かもしれない〟と考えたのです。

他方、よほどしっかりとした説明をしないと、保護者の納得は得られないだろうとも考えていました。実際、通知表の発行回数を減らしたり、完全になくしてしまったりした学校では保護者からの問い合わせが相次ぎ、教師の負担を軽減するどころか、むしろ忙しくさせてしまったという話を耳にしていたからです。ほかにも、「とにかく手もとに残る形で出してほしい」という要望に押され、結局は「通知表に替わるなにか」を発行せざるを得なくなった学校もあるといいます。

市内を見渡しても、通知表の回数を減らした学校はごくわずかで、取組の参考になる事例はほとんどありませんでした。安易に導入すれば、これまで築いてきた保護者との信頼関係に亀裂が入りかねません。そこで、どう整理をつければ保護者と教職員の双方が受け入れてくれるのか、納得ポイントを探ることにしたのです。

私がまず着目したのが、「そもそも通知表にはどんな課題があるのか」についてでした。言い換えれば、通知表の目的は前述のとおりですが、本当にその目的が果たせているかです。

子どもの学習状況の様子については伝えられているものの、その後の学習に寄与するものとはなっていないのだとしたら？　それでは学期ごとに「『たいへんよい』がたくさんあってよかった（あるいは、とても少なくて悪かった）」と一喜一憂して終わってしまうでしょう。思っていた以上に評定が悪ければ、家庭内で揉めてしまったり、納得いかない思いの矛先が学校に向けられたりすることもあります。

しかし通知表は本来、子どもの学習の途中経過を知るための手段の一つにすぎません。その後の学習に役立てることができなければ、通知表を発行する意味の半分以上を失ってしまうことになります。だったら、〝子どもや保護者に対して通知表よりも役立つ情報を提供できるようにすればよいのではないか〟と考えてみることにしたのです。

具体的には、次の取組です。

その子の現時点での学習状況とその後の学習の見通しなどについて詳細に示した資料

を作成しておき、数字やグラフを交えながら保護者と話ができる場を学期末に設定したのです。これは言わばチューター制度のようなもので、課題の指摘に終始するのではなく、その子の学習をより充実するためのサポート的な位置づけとしました。

そこで、学校だよりを通して次の内容を保護者に伝えました（私の学区域では2期制を採用しています）。

通知表については、いままで「渡し切り」になってしまい、家庭と学校とで、前期の成果を共有したり、後期の課題について共通理解し、子どもの指導に当たることがむずかしかったことが課題でした。そこで今年度より、前期末にお渡ししていた通知表は発行せず、年度末の1回のみの発行とし、いままで12月に行ってきた個人懇談を前期の終わりに行うことといたします。

この個人懇談では、一人一人のお子さんの学習の様子がわかる資料を用意し、きめ細やかに保護者の皆様にお伝えすることを通して、前期の成果と後期に向けての課題を共有し、お子様の後期の学習の充実に向けて共通理解を図ってまいりたいと思います。

言い換えると、次のとおりです。

●通知表では、前期の成果や課題の家庭との共有がむずかしいといった「渡しきり」の問題点を指摘する。
●詳細な資料を用意して子どもの学習状況や今後の見通しなどについて共有する個人懇談を行う期間を「新設」する。
●個人懇談期間と通知表作成期間が重なるとともに、個人懇談で使用する資料は通知表の内容をより詳細にしたものなので、前期末には通知表を発行しない。

個人懇談に際して用意した資料は、成績処理ソフトを使って作成しました（単元テストを購入した際に無料でついてくるソフトで、全校で統一して使用）。加えて、普段のノート、観察シート、ミニテストなどの結果や内容も活用しました（100点満点で観点別に評価して数値化）。このようにして評価材料を増やし、チャートグラフ形式でデータをまとめて個人懇談に臨み、保護者と一緒に課題解決の見通しや方法について語り合えるようにしたわけです。

このように言うと、通知表を作成するよりも大変なのではないかと思われるかもしれません。しかし実のところ、はるかに楽になりました。数値化したデータを入力さえしておけば、成績処理ソフトが自動的にチャートグラフを出力してくれるからです（文章化する必要がありません）。

それに、子どもたちの学習状況を見取り、次の指導に生かすといったことについては、（通知表を発行しようがしまいが）日常的に行っていることです。そう考えれば、一人一人の担任教師が行わなければならないことは、これまでどおりさまざまな評価材料ごとに観点別に評価して数値化し、ソフトに入力するだけです。つまり、適切な文章を考え、推敲し、校正し、修正したうえで所見などにまとめる時間を丸々カットすることが可能になります。

もちろん、最初の年は（はじめて行うことなので当然なのですが）どうやって数値化すればよいか、データの入力・集計方法などで戸惑う教師もいましたが、要領が一度わかってしまえば、なんのことはありません。２年目の今年度はすっかりストレスフリーとなりました。

さらに言うと、子どもの評価材料を１００点満点で観点別に数値化するという試みは、先生方にとって受け止めやすく、やり甲斐も感じられたようで、子どものノート、作品、発表内容、取組過程を評価材料として積み上げ、目標と評価規準に照らして評価し、次の指導に生かすという取組がより定着し、「指導と評価の一体化」への先生方の意識をさらに高めてくれました。

また、指導要録については毎年度ごとに作成しなければならないわけですが（学校教育法施行規則第24条、校長の法定職務）、年度末の通知表に記載した内容をそのまま指導要録に転載するだけで済みます。ここでも、先生方の実務上の負担と精神的な負担感を軽減することができます。

さて、通知表に代わる個人懇談を、保護者はどのように受け止めていたのでしょう。結果から言えばたいへん好評で、次のような声が聞かれました。

今回のようにチャートで示してもらったことで、子どものどの部分が、どれだけ課題なのか、どの部分がどのようにできているのかがとてもよくわかりました。それと、担任の先生が丁寧に説明してくれたので、とてもよかったです。

加えて印象的だったのは、次の声です。

通知表は3段階の評価だから、結果しかわかりません。それだと、よかったのか、悪かったのかは、前の評価と比べてどうだったかとしか言えません。でも、チャートグラフは100段階だったから、前よりもわかりやすかったと思います。

こうした声が続々と寄せられたことでいくぶんほっとはしたのですが、他方で〝学校に直接苦情を言わないまでも、前期末の通知表をなくしたことに対して不満をもっている保護者もいるのではないか〟と考えていました。そこで、保護者に対してはくりかえし「今年度については…」などとつけ加え、恒常的な取組ではない旨を匂わせていました。するとと、ある保護者から、こんなふうに言われました。

校長先生、私たち、来年もできれば今年の方法がいいなぁと思っているのですが、来年からなくなるってことはないですよね。

その後も同じような趣旨の言葉を複数の保護者から聞けたことで、〝これなら大丈夫そうだな〟と胸をなで下ろしました。

＊

もし仮に、保護者に対して「先生方の負担が大きいから、働き方改革の一環として通知表の発行回数を減らします」といった説明を行っていたとしたらどうでしょう。間違いなく保護者の納得は得られなかったはずです。それどころか炎上してしまい、家庭との信頼関係が大きく揺らいでしまったかもしれません。

つまり、通知表を1回にするという整理は、「通知表では子どもの学習をよりよいものにするのに不十分。そこで妥当性・信頼性のある確かなデータに基づいた個人懇談によって行う」という説明にしたわけです。

2　本校に異動してきた先生方への対応

異動してきた先生方に対しては、本校の教育活動の意図を理解してもらう必要性を感じていました。そこで、「本校の教育活動の意図」（A4・8頁ほどの文書）を配付し、本校の教育活動の裏側にある意図を解説しました。

以下は、この文書から「通知表の考え方」を抜粋したものです。

●10月の個人懇談は「途中経過」であり、「通知表2回のうち1回は所見なし」という考え方ではないことをしっかり理解する。

↓令和4年度より、通知表の発行は年度末3月の1回としています。「働き方改革の側面」も大きいのですが、保護者にそのまま伝えても「なにを大事にすべきかの優先順位が違う」などといった議論にすり替わる危険性は今後もあります。本校において「年1回通知表」

を導入するに当たっては、次のように整理しています。

●法令によって作成が義務づけられている指導要録は年1回のみ。それに対して通知表は学校長の判断に基づいて作成するものであり、法的な縛りはない。

●前期末（9月末）に発行していた通知表は渡しきりとなっており、子どもには、前期の成果と課題を伝えているものの、なかなか家庭に伝わりにくいという課題があった。

●特に本校の状況を考えると、子どものみならず、家庭とも細やか途中経過を共有し、3月までの子どもの伸びを伝えることを重視したい。そこで、9月末までの途中経過を詳細な資料にまとめ、それを基にして家庭と学校で共通理解し、後期の学びにつなげていく。

●テストの採択については、学校の課題を解決できるようなテストを選び、全校で統一した評価資料を作成する。

↓通知表は学校長の判断で作成されるものであり、学習指導要領においても発行回数を定める規定はありません。他方、通知表そのものをやめてしまった他県もありますが、そのほとんどの事例で、保護者からの苦情や、問い合わせに苦慮している実態があると聞きます。

それに対して本校では、昨年度10月の個人懇談で先生方が丁寧に説明してくださったおかげで、「年1回の通知表発行」の取組に対して、1件の苦情も問い合わせも来ておりません。そればかりか、個人懇談は子どもの学びの「途中経過」を共有し合う場であることが保護者にしっかりと伝わり、さらに子どもたちのテストや日常の様子をデータ化して伝えることで、「どこが弱かったのか、どう改善したらいいのか、通知表をもらうよりよくわかる」といった声を数多くいただいています。

指導と評価は常に表裏の関係です。重視すべきは、日々の評価をしっかりと指導に生かしていくことであり、その点をきちんと説明すれば、学校の意図が保護者に伝わるのだと考えています。

思えば私が若いころ、通知表はずっと手書きでした。ものすごい時間をかけ、ものすごい量の文章を手書きで書いていました。そのうちにパソコンが普及しはじめると、一部の先生たちから「印刷しよう」といった声があがりましたが、ベテランの先生方からの批判の声にかき消されてしまったことがあります。「通知表の所見は手書きじゃないと温かみが伝わらないからだ」と。

このエピソードは職員室（学校内）での出来事ではありますが、家庭との関係においても象徴的な出来事だと思います。すなわち、学校（殊に教師の心情）と家庭（保護者が求めていること）には、常になにかしらの乖離（認識や利害の不一致）があるんだということです。

本校で前期末の通知表をやめて詳細なデータに基づく個人懇談に切り替えたとき、保護者からは「温かみが感じられない」などといった声があがるのではないかと心配していましたが、それは杞憂でした。逆に「課題をデータ化して示されたほうがわかりやすい」と好意的に受け止めてくれたことを考えると、私たちは無用な心配をしていたことになります。こうしたことからもわかるとおり、（この場合には、学校としてはありがたい不一致だったわけですが）学校側と保護者側の認識の不一致そのものは常にあるということです。

＊

教師が子どもや保護者のためにがんばることは、いまも昔もかわらず大切なことです。だからこそ、がんばりどころを間違えないことが本当に大切なんだと思います。それはとりもなおさず、自分たちの矜持を押しつけてしまうようながんばりではなく、相手が求めていることを実現するためのがんばりだということです。

所見を一生懸命に書き、一字一句校正し、適切な通知表を作成して渡そうとする私たち教師のこれまでの取組は、多くの保護者からすればたいした価値のある事柄ではないのかもしれないのです。

保護者の立場と先生方の立場の双方の地平線に立つならば、通知表にとどまるものではなく、整理をつけるべき事柄はほかにもたくさんあるんだろうなぁと思います。

求められていることを圧倒的に超えることを日常にする

日々、なにかしらお願いごとや仕事の依頼が私のもとに届きます。よほどのことがない限りお引き受けするのですが、私はいつも次のように考えるようにしています。

この案件だと「普通」はどのくらいかな。
「圧倒的にすごい」と思われるにはどれくらいの熱量で取り組むとよいかな。

せっかく自分を選んで頼んでくれたのです。「これくらいでいいよね（普通でいいよね）」で済ましたくありません。「普通よりもちょっといいよね」というのも、なんだかしゃくです。だからいつも、まずは「普通」を想定し、最低でもその倍になるようにアウトプットしようとしてしまうのです。その結果、とんでもない「量」になることもしばしば。
研修会の講師依頼であれば、１００枚以上のプレゼンシートをつくってしまいます。60分程度の講演であれば、20枚程度もあれば十分話ができるし、たぶんちょうどいいのでしょうけど、それでは私自身が満足できないのです。

だからといって、用意したプレゼンシートのすべてを説明しようとはしません。というか、できません。圧倒的に時間が足りないからです。もし話そうとしてしまえば、6時間くらいかかってしまうでしょう。

別の章でも触れますが、だれにとっても「時間」はきわめて貴重なリソースです。私の「圧倒的にしたい願望」のために、参観者の時間を使わせるわけにはいきません。だから、どの講演や講話においても規定の時間を守り、時間ぴったりをめざします（若いころはなかなかうまくいきませんでしたが）。

プレゼンシートが膨大な量になってしまうのも、その根底にあるのはサービス精神なのだと思います。私が伝えたいと思うことが相手に伝わるにはどうすればよいかとさまざまな視点から考えていくうちに、「ものすごい量」になってしまうのです。

逆に、「内容」を絞り込むことに注力することもあります。文科省の視察を受けるとか、学校を代表して重要事項を説明するといった場面のときです。この場合は「量」ではなく、「質」です。ただ、「質」を高めるためには、相当の「量」を生み出さなければなりません。

資料を見て、プレゼンを見て、見ている人から「うわぁ、まじか」といった反応を得るにはどうしたらいいかと、いつも考えているわけです。端から見たらきっと、相当にめんどくさい性格なんだろうなと思います。

思い返してみると、昔からそうだったように思います。子どもたちとの授業のときに考えていたことと同じだなぁ…と。

社会科の授業の一場面、子どもたちに資料を提示したとき、子どもたちから弾けるような声で「えー？」「どうしてー？」と反応してもらいたいのです。あるいは、こちらから水を向けなくても、子どもたちのほうから「先生、それやってみたい」と言ってもらいたいのです。

そのためにはどうすればいいか、いつもいつも考えていました。そう考えると、私がいまも行っていることは、子どもたちとの学びの延長線上にあるのだと思います。

話を戻しますが、ましなプレゼン資料をつくるうえでの経験則があります。それは、「求められた時間の30倍の作業時間と30倍の精査時間をかける」というものです。90分の講演であれば、作成に45時間、精査に45時間かけるといった案配で、毎日2時間から3時間そのための時間に充てて1か月ほどかけて行います。15分の研究発表であれば1週間程度かけます。

万事そんな調子ですから、働き方改革モデル校や、一人一台端末の効果的な活用実践推進校をお引き受けした際も、さまざまな角度から徹底的に取組内容を検証していました。せっかく自分に頼んでもらったのだから、圧倒的な成果を出したいなぁと思ってしまうからです。

このように、「圧倒的」にこだわってしまうのは、若いころの経験が大きいように思います。

教育実習生を担当したときには毎日教室にパソコンをもち込み、実習生の授業を観て気づいたことや考えたことを列記しながら、解説を交えてA4・2枚程度にまとめ、その日の放課後には手渡していました。

この解説書は、その日限りのものではありません。5週間の実習期間を通して継続的に行い、実習生が教師になったとき最初の1年を乗り切れる授業スキルを網羅できるようにまとめていました。

管理職になってからも、参観した公開授業に対する参観考察をA4・1枚程度にまとめ、その日のうちに印刷して配付します。公開授業が5時間目であれば、校長室に戻った私は6時間目中に書き上げ、授業者が職員室に戻ってくる前に机の上に置いておきます。授業者の記憶が鮮明なうちに、私が感じた感覚を共有したいからです。

参観した他の先生方にも同様に配ります。自分が参観したときの感覚と違う部分や、同じ部分を感じてもらえるのではないかと考えているからです。

「校長先生はいつも、ものすごい量を、ものすごいスピードで書きますよね」

こんなふうに言ってもらえるたびに、心のなかでニヤっとしているのです。実を言うと、若いころは「緻密にまとめる」のがとにかく苦手でした。そうであるがゆえに、圧倒的な量に頼るほかなかっただけなのかもしれませんが…。

即時に徹底できることと、そうでないことを見分ける

1 徹底できる目配り

さまざまな取組がうまくいくかの鍵を握る一つは、次にあると考えています。

●徹底できる目配りができるかどうか。

なにかに取り組む際、「徹底できるかを見分け、徹底できると判断したら取り組み、徹底できているかを目配りする」ことができれば、その取組の成功確率は確実に上がります。

「徹底できる」という言葉を使うと、「無理矢理にでも」「有無を言わせず」といったニュアンスを感じるかもしれませんが、まず注目してほしいのは「目配り」です。

相田みつをさんが『にんげんだもの』で書かれていらっしゃいますが、だれでもみな〝ち

ょっと面倒だなぁ〟〝できればやりたくないなぁ〟と思うことはたくさんあります。それを「見張る」のではなく、「目配りする」のが大事だと思うのです。「目配り」は「周囲に目を向けて、注意を行き届かせること」ですが、そこには「監視する」ではなく「気遣う」といった風情があります。

加えて「徹底する」としているのは、どんな取組でもよいので、「これからはじめることを、果たして徹底できるのか」を見分ける能力が、リーダーには欠かせないと考えるからです。

ただし、「徹底できる目配り」はなにも特殊な能力ではありません。より正確に言えば、能力というよりも心がけに近いものです。その気になれば、だれでもできるようになります。

ここでは、2つの事例を紹介します。

●これは徹底できそうだと即断して迅速に着手し、うまくいった事例1
●あまり無理をせず「徹底に向かう」ように粘り強く取組をつづけている事例2

[事例1の取組]　先生方が集金する場面を一つ残らずなくす

実際に行ったのが、次の取組です。その目的は働き方改革です。

①集金業務の見直し
②ＩＣＴの活用
③業務の平準化
④教職員の意識改革

本校では「教育課程・校務のリフォーム」「地域・保護者・関係機関との連携」「教職員の意識改革」の三つを働き方改革の３本柱に掲げていますが、この三つはそれぞれ個別に対応していくものではなく複合的です。たとえば右に挙げた「①集金業務の見直し」は、担任の負担軽減を目的とした取組ですが、保護者や業者の協力が必要不可欠であり、双方の納得を得られるように整理し、同時並行的に進めていかなければうまくいきません。

ここでは、この①にフォーカスしてみましょう。私たちが掲げた目標は「最終的にはすべての集金業務をなくすこと」です。

まずは次に挙げる最初の三つに着手しました。すでに全国さまざまな地域・学校で行われている取組であることから、比較的理解を得やすいだろうと考えたからです。

その後、取組が軌道に乗った段階で残りの二つに着手し、いずれも実現にこぎ着けることができました。

- 修学旅行代金のコンビニ決済化
- 卒業アルバム代金のコンビニ決済化
- 行事写真の斡旋販売のＷｅｂ化
- スキー学習のバス代金、リフト代金のコンビニ決済化
- 校外学習（現地学習）、５年生の宿泊学習代金の口座引き落とし

残りの二つを実現できたのは、（修学旅行のときと同じように）旅行会社にお膳立てしてもらったからです。そのおかげでスムーズにコンビニ決済に移行することができました。その結果、保護者の未払いがぐんと減り、さらに当該学年の年度途中で徴収金の引き落とし変更をしなくてもよくなりました。そのつど旅行会社への企画料の支払いが発生しますが、教師の負担を大幅に軽減できたという点で、あまりある対価を得たと言えます。

利点は、ほかにもあります。

まず、保護者が細かい現金を取り扱う必要がなくなります。学校としても、子どもた

ちに現金をもってこさせなくて済むし、いつまで経っても現金をもって来させない家庭に対して督促するといった業務そのものがなくなります。

私の若いころなどは現金徴収でしたから、各担任がすべての集金が完了するまで、多額の小銭を学校の耐火書庫に保管しなければなりませんでした。当時としては致し方がないことではありましたが、金額が合わなければ、そのつど対応しなければならないし、現金を学校で一定期間保管すること自体、大きなリスクです。

あるとき、学校が集金業務を行っていたころとどれだけ作業時間が変わったのかを試算してみたことがあります。すると、（学年にもよりますが）年間24時間もの時間を削減できていたことがわかりました。実働8時間として担任1人につき3日分に相当します。全担任の業務時間を合算すると…考えただけで冷や汗が出ます。

その後も、「すべての集金業務を担任が行わない」ことを徹底し、家庭科の調理実習や総合的な学習の時間で一人一人が負担するような取組、クラブ活動などでの集金業務もなくせるように、年間の活動として予算化しました。

この取組は、札幌市の令和4年度「みんなの工夫で学校を変える働き方改革取組表彰事業」において表彰された取組の一つです。

［事例2の取組］定時退勤の実現は長期戦

定時退勤の取組は、教職員の意識改革と並行して、数多くの学校で取り組まれていると思います。しかしながら、この定時退勤こそ曲者《くせもの》で、「うやむや化」しやすい取組の一つです。

人の意識はそう簡単に変わるものではありません。ゆっくりとした自分のペースで時間をかけて仕事をしたい先生もいるし、いまもなお夜遅くまで学校に残って仕事をすることで安心感を得る先生もいます。

「もはやそういう時代ではないんだ」と言って説得しても、そう簡単に行動に移そうとはしないでしょう。相手だって、内心では百も承知。けれど、自分のこれまでのやり方を変えられない、変えたくないのです。

なぜなら、いままで1時間かけていた仕事を40分くらいで行えるような効率化を図らなければならなくなるし、なにより教師として自分が重視してきた仕事観の変更をも余儀なくされるからです。教師といえども人間であり、感情に左右される生きものです。

こうした課題に対しても「徹底すべき事柄」だと考えてはいるのですが、「急に」「厳格に」行うようなことはしないことにしました。

こちらとしては正当な言い分だとしても、相手が「不当だ」と受け止めれば、ハレーションが起きてしまい、職場の雰囲気も悪くなるからです。

ここは長期戦です。徹底はするけれど、

「急にはしないよ」

「どうしてものときはしょうがないな」

と寛容な雰囲気を出しつつ、

「でも、定時退勤の取組はうやむやにせず、少しずつでいいからちゃんと取り組んでいきましょうね」

と伝えつづけます。

適正に労務管理を行うという点でも、先生方の勤務時間をきちんと把握し、必要に応じて指導・助言していくことが重要です。

実をいうと、平成31年度は夜の10時以降に学校が施錠された日は実に１３６回、このうち午前0時を越えた施錠は63回もありました。本校はかつて市内でも有数の「不夜城」だったのです。

その後、令和2年度から取組をスタートします。この年は新型コロナウィルスが猛威を振るいはじめた時期でもあって一気に施錠時間は早くなり、翌年度には22時以降の施錠は16回、午前0時を越えた施錠は2回にまでなります。

しかし、それでもよくなったとは言いがたく、そもそも夜の10時を過ぎても学校に明かりがついていること自体、正常とはとても言えません。勤務時間の適正化は、粘り強く伝えつづけながら、ほんの少しずつ進めていくほかないのだろうと思います。

本書を執筆している令和5年9月になってようやく、22時以降の施錠がなくなりました。しかし、ほっと胸をなで下ろすと、うやむやになりかねない課題なので、リバウンドしないよう対応する必要があり、本当に長期戦なのだと思います。

2 徹底できるか否かの見分け方

一口に「徹底的にできる目配りをする」といっても、これまで述べてきたように即時的にできる場合と、時間をかけてじっくり取り組む必要がある場合があります。くりかえしになりますが、この「見分け」が本当に大切です。

見分け方の要諦は、「短い言葉で説明することが可能か」にあります。短い言葉であれば相手にも伝わりやすく、結果として徹底できると思います。たとえば、「毎週金曜日は早く帰る日」「集金は一切しません」といった言葉です。このような表現であれば、だれにとっても「なにをすべきか」が明快です。ほかにも、(他の章で詳述しますが)「びっしりかく」も同様です。「なすべきことを簡潔に示す」という意味で、私は「価値語」と読んでいます。

逆に、取り組まなければならないことは重々承知しているものの、短い言葉で説明できないこともあるでしょう。このような場合は、自分のなかで考えが煮詰まっていないか、あるいは（早期に課題を解決できそうにない、あるいは課題が複合的であるなど）徹底できそうにない因子が含まれているときで、創意工夫や熟慮、時間などを必要とする案件であると判断することができます。

3　ウェルビーイングの視点から働き方改革を考える

どんなことにとりかかるかにもよりますが、働き方改革は一足飛びに進められるものではありません。「小さな取組」を一つ一つ丁寧に積み上げていくほかないのだと思います。しかし、どんなに小さな取組であっても、徹底できてはじめて成果が積み上がっていきます。これは私の経験則にすぎませんが、おそらくどの学校でもそう変わらないのではないでしょうか。

私自身、道半ばですが、各種の取組の根っこにはいつも「教職員の時間を生み出せる豊かな働き方を柔軟に考えていく」ことを置いています。そして、そのために欠かせないのが、**管理職が従来の通例・前例・慣習**（だと思われていること）**にとらわれすぎない姿**

勢を教職員に示すことです。そうするだけでも、教職員が自分なりに考えたアイディアを出しやすい雰囲気が生まれます。

なかには〝気持ちはわかるけど、それはちょっとな〟と思うアイディアもあります。しかしそうした意見にも真摯に耳を傾け、利害関係者に相当する人たちに納得してもらえそうな「整理のつけ方」を考えてみます。そのうえで、整理できそうだと判断できれば実行に移せばいいし、そうでなければ「なぜ実行に移せないのか」について丁寧に説明します。

リーダーである私がもし、従来の通例・前例・慣習にとらわれていれば、アイディアを出してくれている最中にも「それはむずかしいよ」と口を挟んでしまい、その教職員の考えをなかったものにしてしまうでしょう。

それではその教職員を意気消沈させるばかりか、周囲の先生方の意欲まで削いでしまいます。その結果、みんなの前でアイディアを口にすること自体がはばかられるようになって、学校が本当に必要としているアイディアさえも議論の俎上に上がらなくなってしまうのです。

これは、働き方改革だけの問題ではありません。授業でもそうでしょう。

「なにか意見はない？」と発言を促しておきながら、子どもが自分の答えてほしい発言をしてくれないと「そういうことじゃなくて」と言ってみたり、ろくに受け止めもせずに「ほかに意見はある？」などと子どもの発言をなかったことにしたりするのと同じです。その後、子どもたちがどのような姿勢で授業に臨むようになるか…想像に難くないですよね。

また、働き方改革の取組を考える際、私たちはつい「どんな仕事だったら削減できるか」「どうしたら無駄をなくし、一つ一つの仕事を効率化できるか」などと考えがちです。それ自体は別に悪いことではなく自然なことなのですが、学校の内側しか視野に入れていないと（たとえそれがどれだけ有効な取組だったとしても）思わぬ障害に阻まれて頓挫してしまうことがあります。

それは、とりもなおさず、保護者、地域、教育委員会など、学校の外側にいる人たちの状況や心情です。これらをなおざりにしていては、たとえ取組を実行に移せたとしても、マグマのように不満が溜まっていき、いずれなんらかの形で火を噴いてしまうのです。

だからこそ、丁寧な整理が必要なのです。つまり、学校の内側にいる教職員のみならず、保護者・地域の事情に配慮し、彼らにとっても必要感のある取組なのかを考え、それぞれに納得し得る説明を個別に用意するということです（通知表年1回の取組でも述べましたが、教職員と保護者とは利害が異なるので、それぞれに納得してもらえそうな説明を個別に用意するということです）。

働き方改革というと、字面から福利厚生の側面が強いウェルフェアー（welfare）的な視点からの改革（「削減」「効率化」）が連想されがちですが、これからは教育にかかわるすべての利害関係者のウェルビーイング（well-being）に重きを置いた改革にしていく必要があるのだと思います。

教育にかかわるすべての利害関係者がウェルビーイングの視点からものを考えることができれば、前向きで、豊かな取組になると考えています。それがとりもなおさず子どもたちへの質の高い教育の提供につながるのではないでしょうか。

ピンチだからこそできるゲームチェンジ

学校現場では、これまで国や教育委員会の指針に基づき、年度ごとに年間指導計画をはじめとする諸計画をつくり、実行し、評価し、改善を図るＰＤＣＡに努めてきました。骨格としては、今後も変わらないのだと思います。

しかし、適宜・適切に学校の諸課題を迅速に改善するという視点に立ったとき、お約束にばかりとらわれていると改革のボトルネックになることもあります。スピード感が生まれないからです。そればかりか、停滞してしまうこともあります。

「今年はしっかり計画を練って実行・評価しましょう。年度末に改善案を取りまとめて、来年度からまたがんばりましょう」では、変化の激しい現在の状況（人々の価値観の変容）についていけず、社会から置いていけぼりになります。

「小学校学習指導要領解説　総則編」（「改訂の経緯及び基本方針」）を紐解くと、次の記述を見つけることができます。

●社会構造や雇用環境は大きく、また急速に変化しており、予測が困難な時代となっている。
●このような時代にあって、学校教育には、子供たちが様々な変化に積極的に向き合い、他者と協働して課題を解決していくことや、様々な情報を見極め知識の概念的な理解を実現し情報を再構成するなどして新たな価値につなげていくこと、複雑な状況変化の中で目的を再構築することができるようにすることが求められている。

こうした指摘からもわかるように、激しい変化や複雑な状況のなかでも臨機応変に対応することが学校教育に求められています。

しかし、言うは易く行うは難し。数多くのしがらみがあるなかで学校運営を任される身としては、相当にむずかしい課題だと思います。しかし、コロナ禍によって認識を改めることができました。私にとってコロナ禍は（言葉としては不謹慎ですが）好機とも言うべきもので、一気にゲームチェンジできると考えることができたからです。

２０２０年度は学習指導要領が全面実施された年（中学校は翌年度）ですから、本来であれば、どの学校においても新しい教育課程の趣旨に基づいた教育計画のもとで授業を展開しなければなりません。

しかし、全国一斉臨時休業もあり、感染症対策を優先しなければならず、授業改善などは後回しせざるを得なかったはずです。しかも、翌年には、ＧＩＧＡスクール構想を２年前倒しをする形で、一人一台端末が導入されました。つまり、コロナ禍への対応、新学習指導要領への対応、ＩＣＴ活用への対応が、ほぼいっぺんに押し寄せてきたと言えます。

このような状況下では、どの学校においても、しっかりと計画をつくってから実行に移すという、学校にとって当たり前に行っていたことが思うようにできなくなっていたはずです。そうであるがゆえに、従来マストだとされていたさまざまな縛りが緩んでいた時期だとも言えるわけです。

だからこそ、チャンスだったのです。

いわば混乱した時期ですから、従来であればできないような大胆な取組にもチャレンジできるからです。私自身「いまならできる」と考え、さまざまな取組を実行に移すことにしました。

1　6時間授業を5時間授業にする

手はじめに行ったのが、次の日課に改めることでした。

●火曜日、水曜日、木曜日は、朝の会や朝読書、朝学習を行っていた時間を1時間目にジョイントして、授業時間を60分とする。

行ったのはこれだけです。

その結果、いままで6時間授業だった水曜日は、5時間目が終了したら、さっさと帰りの会を終わらせて下校できるようになりました。

実を言うと、「先生方のために放課後の時間を少しでも確保したい」という働き方改革の一環としてはじめた取組です。しかし、いざ行ってみると、学力の低下が見られたわけでもなく、子どもたちにしても早く家に帰って遊べるので大喜びです。

問題は、こうした取組に対する納得を、どのようにして周囲から取りつけるかです。私はこれも「どのように、整理をつけるかが勝負だな」と考えていました。

日課を変更するには、さまざまなハードルを越えなければなりません。

実際、ただ単に「本校の日課の変更を行います」と宣言したところで、だれの納得も得ることはできません。そうかといって、「教職員の働き方改革のためです」と説明したところで、「先生方のために子どもの学習を犠牲にするのか」などといった声が上がるでしょう。

そこで考えに考えて次のように整理し、各方面との調整を図りました。

- 緊急事態宣言下で、行事予定の変更、教育課程の再編成が必要となる。
- 子どもたちが1日のうちで一番元気な1時間目の授業を60分にすることによって、指導効果をより高めて効果的な学習を行い、子どもたちの理解の定着をより促す。
- 単元等のまとまりをより重視して指導内容を考えて授業内容を決定するなど、教育課程の再編成を行う。
- 一人一台端末の活用について、4月当初は活用に慣れるための習熟の時間に位置づける。よく手段の目的化が批判の的にされるが、だれもやったことのない取組であれば、当面の間は

「使うこと自体を目的とする」としたほうが浸透しやすい。
●ＩＣＴ機器については、学習のどのような場面でも使えるようにするためにどんどん活用し、万が一緊急事態宣言が延長されたとしても学びを止めないように学習の積み重ねを行う。

端的に言えば、「コロナ禍では、従来の方法にとらわれていてはうまくいかないから、教育課程を再編して1時間目を60分授業にすることで、日課を5時間目までとしながら、子どもたちの学びを充実するためにＩＣＴ機器を有効活用する」という整理です。

次に、関係各位の納得を取りつけるために、次の取組を行いました。

●教職員からの意見を集約する。
●近隣パートナー校と調整する。
●60分授業を行っている他校の事例を紹介する（本校では1時間目に設定しましたが、5時間目に設定している学校がいくつかありました）。
●ＰＴＡ役員会との懇談会で、右に上げた整理を説明して理解を求める。
●保護者がどのように受け止めているかについて意識調査を行う。
●市教委と逐次相談・報告等を行う。

このようにして関係各位の納得を得て、年度途中の6月から1時間目は60分、5時間目が終わったら帰りの会を経て下校という日課を実現することができたのです。

実際にはじめたところ、混乱らしい混乱はありませんでした。保護者からのクレームどころか問い合わせすらなく、本当にスムーズに移行できたと思います。これはひとえに、先生方が丁寧に対応してくれたおかげです。

本校の先生方と話をしていると、いまも「他校から見れば変則的に見える日課への変更だったのに、大きなトラブルもなく行うことができたことは本当に驚きだった。しかも、年度途中だったのに…」といった話になることがあります。同様の言葉は、近隣のパートナー校の校長先生からも聞かれました。

それに対して私は、こう答えています。「きっとタイミングがよかったんだよね～」と。だって私がしたことは「整理のつけ方」を考えただけですから。その整理に共感してくれた先生方が、丁寧に対応してくれたおかげで実現できたのです。また、本校と歩みをそろえる形で、パートナー校が次年度から取り入れてくれたのも大きかったと思います。

＊

学校の世界においても、リーダーシップ論はあまたあります。

ある人は、明確な経営ビジョンをもち、学校の舵取りを組織的に行えるよう、リーダーが前面に立って教職員を引っ張っていくことだと言います。ある人は、リーダーの責任の下で教職員に仕事を任せ、ボトムアップで学校を運営していくことだと言います。

いずれも、リーダーシップとは「教職員に対して影響力のある指導性を発揮することだ」という考え方が根っこにあるような気がします。しかし、私の場合はちょっと毛色が違います。

私がもっとも重視しているのは「バランス」です。**先生方の考えに共感し、私の考えに共感してもらえるように整理をつけて、利害関係者すべてのバランスをとりながら納得を獲得する。**そうできさえすれば、どのような改革も、不必要な軋轢を生むことなく実行に移すことができると思うし、これが私の考えるリーダーシップなのです。

2　走りながら考える──先生方にもトライアル＆エラーを推奨する

本校の組織は、教務管理部、ＩＣＴ教育推進部、授業改善部、指導支援部、行事保体部、児童活動部の６つの部で構成しています。分掌する際は、各部の部長と学年主任とを兼務しないようにしています。これは業務を平準化するためです。

また、教務管理部を除いて、若い先生たちに部長を担ってもらっています。なかでも、

ＩＣＴ教育推進部は教職2年目の先生が部長です。若い力で、瑞々しいアイディアをたくさん出してもらい、いままでやったことがないことであっても、おもしろいと思ったらどんどんチャレンジしてもらうためです。

そのために私は常々、先生方に対して次のように伝えています。

「いつだって最初からゴールは見えない。やってみないとわからないことも多い。だから、走りながら考えていきましょうね～」

走りながら考えているのがリーダーだけであれば、どんなすばらしい着想であっても、独りよがりの先走りになるだけです。そうかといって、リーダーと教職員の双方が足並みをそろえるという発想でもなく、教職員人一人が個別に走りながら考えられるようになってこそ、それぞれにチャレンジできる新しい発想が生まれます。

こうしたことから、各部長はもちろんのこと、すべての教職員に対しても思い切ったトライアルを推奨し、試行錯誤をよしとする学校文化をつくりたいと考えたのです。

ただそうは言っても、トライアルが大事だと管理職が口にしていれば、先生方が自主的に動き出すようになるわけではありません。

若いころ、「管理職はついつい思いついてしまうものだ」と先輩から諭されたことがありますが、無為無策に管理職が前面に立ち、率先して新しいことを進めようとすると、およそこんな声が漏れてきます。

「そんなことやって、本当に大丈夫なんですか」

「年度中で変えるなんてリスクが大きすぎる」

「最初に決めたことは、いったいなんだったのですか」

「そもそも私はそんな話、聞いていません！」

こうした声が、校内で影響力のある教師の発言であれば、その時点でチャレンジが有名無実化してしまうこともあります。

そこで私は、右に挙げた状況を回避するため、事あるごとにこんな言葉をかけていました。

「うまくいくかはだれにもわからない。しかし、トライアルをしなければ、なにも生まれない」

「やったことがないことであれば、本当に必要なことはなにかもわからない。だから走りながら考えることが大事。そうすればなにかが見えてくる」

「うまくいかなければどんどん変更すればいい。それでもうまくいかなければやめればいい」

「けっして無理はしない」

「その場の思いつきでもかまわない。エビデンス探しなどしていれば時機を逸する」

このように先生方の背中を押していたわけですが、管理職の場合には事情が異なります。自制と熟慮が必要だからです。もし学校の経営方針を日替わりで変えてしまえば朝令暮改になってしまい、職場の士気を下げてしまうでしょう。一貫性のない思いつきがつづけば、聞かされているほうはたまったものではありません。

そのため、年間を通じて変わらない軸を通す必要があります。そのうえで先生方に促すトライアル&エラーです。

また、「走りながら考える」というのは、あくまでも基本方針に沿って考えてみたときに、「これは効果的だ」「タイミングはいまだ」と思える取組をどんどん進めるということです。**PDCAサイクルありきで万全の体制を整えてから着手しようとする限り、先生たちが主体的・意欲的に挑戦し合える職場にはならない**と私は思います。

とはいえ、本校でそうした文化を醸成するに至ったのは、私たちの努力だけではありません。(くりかえしになりますが)コロナ禍が功を奏したのです。前例踏襲がむずかしい環境に置かれたことで、新しいことにチャレンジするハードルを大きく押し下げてくれました。まさに不幸中の幸いだと言えます。

その結果、行事の反省、教材の共有、各種アンケート等さまざまなトライアルがどんどん進められ、さらに、各学級での効果的な活用に向けたたくさんの支援策も校務支援メッセージで共有されるようになりました。

ほかにも、児童活動部では児童会の再編に着手し、行事保体部では春の遠足のねらいを再検討し、新しい行事につくり変えました。このようにして、さまざまなトライアルが生まれる文化が醸成されていったのです。

3　先生方からの発案によって推し進めたチャレンジ

(1)　学年内専科授業の取組

詳しくは後述しますが、学年内専科授業は学年の先生方の発案ではじまったチャレンジの一つです。たいへんすばらしい効果があったので、学年主任会でも共有しました。その後、各学年の実情に応じてルールを微調整しながら、担任交換授業を計画し、実行に移しました（この取組を札幌市教育委員会働き方改革表彰事業に応募したところ見事受賞）。

(2)　一人一台端末の効果的な活用に向けた実践事例集

（前述したように）本校では令和3年度より、一人一台端末の効果的な活用（実際の学習場面でどう活用することが本当に効果的なのか）について研究と実践を重ねてきました。その後、令和3年度（40実践）、令和4年度（70実践）に実践事例集としてまとめています。この事例集作成も、先生方の発案によって生まれた取組です。

また、令和4年度の事例集では、「どのような視点で授業を構築できるか」といった観点から類型化を行い、次年度以降に自分たちがより使いやすい事例集となるように工夫が凝らされています。デザインも、内容も秀逸でした。文部科学省が一人一台端末の活用状況を視察するために訪れた際にも、新採2年目の若手教師が堂々と説明していて、すばらしかったです。

教育活動を俯瞰してみる

「走りながら考えること」以外にも大切にしていることがあります。それは、「できる限り俯瞰してものが見えるように示す」です。

私自身もそうですが、なにか一つのことに没頭していると視野が狭くなります。それ自体は悪いことではありません。ポイントを絞って深掘りする際には必要なことだからです。問題が生じるのは、ストーリーをつくり込みすぎたときです。

授業づくりに置き換えるとわかりやすいかもしれません。授業展開を細かく設定すぎてしまうと、子どものおもしろい発言を聞き逃したり、自分が言ってほしいことを無理に言わせようとしたりする融通の利かない（要するに、子どもにとって退屈な）授業にしてしまうでしょう。これと同じです。

学校の教育活動は、一つ一つの事柄が単体で動いているかのように見えて、実はなにかしらの形でつながっています。そのため、1箇所だけを無理に変えようとすると、予期せぬところでバランスを崩します。そのため、各教育活動がどのようにつながっているか、そのつながりの強弱はどうかなどを俯瞰して見る力が管理職には必要なのだということです。

「教育活動のつながり」という点では、その一つに運動会の開催時期が挙げられます。札幌市内の学校の多くは5月末の開催なのですが、本校では10月初旬です。もともとは、本校でも5月末だったのですが、コロナ禍に対応する形で10月初旬に移した令和2年度以降、元に戻さなかったのです。

理由は端的で、10月であれば天気がよい日が多く、天候に悩まされずに済むからです。北海道では毎年5月末から6月初旬にかけて天候が不順になります。この時期の天候を称して「蝦夷梅雨《えぞつゆ》」という言葉や「リラ冷え」という言葉があるくらいです。

とはいえ、単純に10月開催を定着させればそれで終わりというわけにはいきません。

この時期は、ほかにも「学習発表会」（学芸会）をはじめとする学校行事が目白押しだったからです。

こうした他の行事とのつながりを意識せずに詰め込んでしまえば、先生方の業務は間違いなく過多になります。子どもたちにとっても忙しいばかりで、思い出に残りにくい行事にしてしまいかねません。そこで、学習発表会については、従来行われていた「劇仕立ての学習発表会」をやめ、ねらいや内容ごと見直し、名称も「音楽の日」に改めることにしました（いわゆる合唱祭です）。

開催場所は体育館。令和3年度や4年度は（保護者不在で学年ごとに入れ替わりの鑑賞とするなど）コロナ禍に配慮した開催方法としましたが、令和5年度からは、保護者にも公開して好評を博しました。なかには、「コロナが終わったのに学習発表会（劇）がなくなったままなのはさみしい」という声もありましたが、子どもたちや先生方をはじめとして、保護者からも評判の行事になりました。

公立学校において学校行事は、大切な教育活動の一つです。

学習指導要領では「全校又は学年の児童で協力し、よりよい学校生活を築くための体験的な活動を通して、集団への所属感や連帯感を深め、公共の精神を養いながら、第1の目標に掲げる資質・能力を育成することを目指す」ことを目標に掲げ、主に5つの行事に分類しています。しかし、「運動会を開催しなさい」「学習発表会を開催しなさい」などと規定しているわけではありません。すべては、教育課程を編成する各学校の教育的判断に委ねられているものです。

だからといって、「たいへんだったら『やめる』という発想も視野に入れましょう」などと言いたいわけではありません。「年間というスパンで学校の教育活動を俯瞰して、つなげ、『どうすることが子どもの成長に寄与するのか』を丁寧に考えて柔軟に対応しましょう」というのが、ここで言いたいことです。

このように考えれば、これまで当たり前のように行ってきた教育活動も、適切に整理することができるのではないでしょうか。

適切な視点に基づいて先生方の教育活動をとらえる

長年、社会科の研究に携わってきた私は、授業づくりに困っている先生がいると、教科固有の視点を伝えるようにしています。「これはしたほうがいい」とか、「あれはしないほうがいい」などと、いい悪いや方法論を振りかざすことはできるだけしないようにしています。そんなふうにしていると、先生方から「佐野先生、社会科らしいですね！」

などといわれます。

社会科であれば、次のような視点です（子どもが社会的事象の見方・考え方を働かせるための「追究の視点」と言います）。

［位置や空間的な広がり］ 分布、環境・範囲、構成など
［時期や時間の経過］ 起源、変化、発展、継承など
［事象や人々の相互関係］ 工夫、努力、連携、役割など

社会科は、問題解決的な学習を通じて世の中にあるさまざまな社会的事象の特色や意味を理解する教科ですが、そうする際に［空間］［時間］［関係］という視点から見ていくことができるようにしているわけです。これは子どもの学習のために必要な視点であるだけでなく、教師が教材化を図る視点ともなります。

どの「視点」が当てはまるかは単元によって異なります。適切な視点に基づけば、視野が広がったり、理解が深まったりします。こうした考え方を学校経営に取り入れているのです。

「先生方の日常の授業を見る」という場面であれば、次に挙げる4つの視点に基づいて「子

どもへの教師のかかわり」を見ています。

［視点①：補完］子どもの考えの不足を補完し、深め、他の子の理解を促す

「たとえば？」「だれにとってのよさだと思うの？」「みんなっていうのは具体的にだれのことを指しているの？」などと子どもたちの発言を深めるかかわりです。

［視点②：関連］子どもたちそれぞれの考えを関連づける

「それはAさんが言ってたこととどう関係するの？」「いまの発言前の発言と違うことだと思う？」など、子どもたちが関連づけて考えられるようにするかかわりです。

子どもたちには自分が考えていることと、友達が考えていることのつながりや、関連が見えていないこともあります。そうした場合に他の子どもの力も借りながら、どのような関連があるのかに気づかせるようなかかわりは、とても効果的だと思います。

［視点③：吟味］子どもたちの考えや、発言に吟味を促し、再考できるようにするかかわり

「それって、どこに書いてあるの？」「みんなも本当にそう思う？」などと、子どもたちの考えにくさびを打つように思考を促すかかわりです。社会科でいうと、選択・判断の場面でよく使います。

［視点④：葛藤］いままでの学びを生かして考えたことから葛藤を生み、一段深い学びへ

誘う

これは高度なかかわりです。たとえば単元の後半のほうで、それまでに子どもが積み上げてきた学びを自分事として引き寄せられる資料提示のもとに行います。

社会科に限らず、どの教科等の授業を見る際にも、この4つの視点に基づいて「子どもへの教師のかかわり」を見ていきます。

また、働き方改革にかかわっては、いままで行ってきた取組とこれから行おうと思っている取組に対して、「徹底」「平準」「多角」「俯瞰」という4つの視点に基づいて取組の効果測定を行ったり精査したりしています（資料参照）。

必ず前向きに検討しましょう

「俯瞰」

朝の60分授業導入と、5時間授業　［多角］［俯瞰］
- 朝学習なし8：30～60分授業
- 全校5時間授業日を確保し、放課後の時間を増やす。

通知表研修日（午前授業）の設定　［多角］
- 9月、2月、3月の通知表、要録、卒業関連等作業期間に午前授業の研修日を年間5日間（今年度は3日間）13時過ぎからは一斉に通知表作業

地域連携は教育課程内で　［俯瞰］
R04年度予定
- 毎年協力していた行啓通商店街マルシェ（土曜日）への5年生の参加は土曜日を授業日として地域への協力体制を表明
- 郷土の日は午前授業を復活、子ども神輿への積極参加を推奨。

常に未来を見せるようにする

保護者対応で苦しい思いをしたことがない教師などいないでしょう。それも一度や二度ではないはず。保

資料　働き方改革を推進する４つの視点

今年度まずはここまで進んでいます。　全てのアイデアを

キーワードは「徹底」「平準」「多角」

勤務時間の意識を徹底　［徹底］
- 毎週金曜日は早く帰る。
- 月45時間をしっかり意識する。
- 今までの常識は非常識
- そのために工夫できることはないか考える

校務の平準化　［平準］
- 学年主任と、各部の部長の重複なし
- 担任外のみならずみんなで業務を分担
- クラブ委員会精選担当者の工夫（R04年度）
- 専科指導などは継続的に見直し（R04年度）

校務の環境整備　［多角］
- 次年度導入予定の高速複合機を自校予算で前倒し。次年度現物支給されれば印刷機廃止
- 校務フォルダの再編を４月に予告（R04年度）

研究会廃止・研究の在り方再考　［俯瞰］
- 従来型の研究会は今後行わない。
- 全校研の在り方を再考し、助言者、指導主事、授業協力者、研究協力者等から授業者が様々アドバイスをもらうようなスタイルに。自校だけでなく、札幌市全体の人材を活用して、若手を育てていく。
- 札幌市教職員育成指標を基にした、授業改善中心の研修へ

文書削減　［多角］［俯瞰］
- 学校だよりは年５回
- 学級だより廃止→学年だよりに（R04年度）若手にも文書を書く機会を保証。
- 学校運営誌廃止→PDF化（R04年度）

職員会議の精選・縮減・廃止　［徹底］
- 連絡事項は校務支援メッセージで。協議事項も本当に協議事項なのか再検討する。
- 必要ない会議、勤務時間外の会議をしない。
- 目標は、会同しての職員会議なしのシステム構築。

護者からは、「なぜ、こんなことになったのですか？」「なぜ、こうなるまえに手を打たなかったのですか？」などと矢継ぎ早に問われ、答えに窮することもしばしば。当事者たる教師も〝いったいどうしてこんなことに…〟と自問しがちです。

しかし、どれだけ調べ考えても原因を特定できないこともあるし、仮に特定できたとしても、肝心の問題の解決に向かわないことも少なくありません。学校に

落ち度がないケースであっても、感情的になった保護者の納得を得られないこともあります。

人は弱いものですから、なにかトラブルが起きると、自分の外側に原因を求めようとします。そのため、たとえば登校渋りが顕著になってきたり、問題行動が多くなってきたりして、どうすればよいか途方に暮れている保護者であれば、子どもをつい問い詰めてしまうこともあります。

子どものほうは、保護者の追及を逃れるために「学校に行くとクラスメイトから意地悪される」「先生が怒ってばかりで怖い」などともっともらしい理由を考え出します。そうした子どもの言葉を信じ込んでしまった保護者は、原因追及の矛先を学校に向けるようになります。

当の子どもにしたところで、ウソをつこうとしているわけではないことも多いのです。どうして学校に行きたくないのか、問題視される行動をしてしまうのか、自分でもよくわからないこともあります。あるいは、なんとなくはわかっているのだけど、うまく説明できないこともあるでしょう。もし自分の保護者に明確な原因がある場合であれば、面と向かって言えないことだってあるはずです。

いろいろなケースがあるので、決めつけるわけにはいきませんが、原因ばかり突き詰めようとしても、問題の解決に向かわないことのほうが多いと思います。このような場合には、原因という過去から未来のほうに目先を変えて、「どうすればよりよくなるのか」を一緒に考えていくほかないと私は思います。

1　学校に来るのが怖くなってしまったAくん

春先に転入してきたばかりのAくんは、自分の考えを表現することが苦手な子どもでした。転入時の不安と春先の気温の変化による体調不良が重なって、6月ごろになると、学校に行くのを渋るようになっていきました。

はじめのうちは母親が毎朝つき添って学校に連れて来ていましたが、ほどなくして全く登校できなくなってしまいました。

その間も保護者は担任との面談を重ねていましたが、どうしたらいいのかわからず、だんだんと焦燥感が募っていくのが見て取れました。また、厳格な祖父との関係も気になるところでした。

それからしばらくすると、今度は特定の子どもの名前を挙げながら「うちの子をいじめていたに違いない」と言い出したり、「担任の先生の言葉かけがきつすぎた」「特定の子どもばかり注意していると聞いた」などと言い出したりするなど、怒りの矛先をクラスメイトや担任に向けるようになったのです。

そこで、ある面談で同席した私は「Ａくんはお父さんやお母さんの焦りを敏感に感じ取っています。みなさんが焦るほどに心に余裕をもてなくなります。Ａくんもこのままでいいとは思っていないはずです。なにが原因であれ、これからのことについて一緒に考えていきませんか?」と言ってみました。

不登校問題は階段を一つ一つ上るようにじっくりと段階的に取り組むことが大切です。急ぎ足ではけっしていい方向には向かいません。たとえ登校に至らなくても、保護者が自分の焦りと向き合い、いまの状況をあるがままに受け止めることが先決です。そうできれば、子どもも一息つくことができるようになります。

最初のうちは、受け止められずにいたようですが、担任の熱意も加わって少しずつ学校への不信感や警戒心を解いてくれるようになりました。その段階で、Ａくんも交えて一緒に今後の計画を考えるようにしたのです。

まずは放課後登校からはじめ、慣れてきたら保健室登校に移行し、給食の時間はみんなで食べるといったように、じっくり時間をかけていきました。途中、行き詰まったときにも無理をせず、「階段にも踊り場があるように、この取組も休み休みでいこう」と焦らず取り組む大切さを伝えながら、Ａくんのがんばりを支えていきました。おかげで、半年後には完全に登校できるまでになりました。

*

Aくんは本校に転校してきたものの、なかなかクラスに溶け込めずにいました。その理由の一つには（前述したように）「自分の考えを表現することが苦手であった」ことが挙げられますが、私にはそれだけとは思えませんでした。

実を言うと、Aくんの家は祖父も父親もお医者さんという家系で、本人も学力が高い子どもでした。そうしたこともあって、〝自分はクラスのみんなとは違う。だから気が合わないんだ〟と思い込もうとしていたようにも感じられたのです。

そこで私はある日、Aくんと保護者に対して次のように話をしました。

クラスには、Aくんが「気が合わない」と感じる子もたくさんいるでしょう。なぜなら、小学校には本当にさまざまな子どもたちがいるからです。けれど、高校、大学と進学するにつれて、自分と似たような家庭環境や価値観をもつ友達が増えていくと思います。そうなれば、どんどん居心地がよくなっていくと思います。

けれどこのことは、自分の価値観とは異なる人との出会いが少なくなっていくということでもあるんですね。つまり、いいこともあれば、そうでないこともあるということです。

小学校はこれから先、出会うことのない個性をもった人たちと共に過ごせる貴重な場所なんですよ。せっかくいろいろな個性が集まっているのですから、彼らと学校生活を共にすることで、小学校でしか経験できないことをいっぱいしてくださいね。

こうした私の言葉が、Aくんや保護者の心に響いたかはわかりませんが、彼がふたたび学校に来てみようと思えるきっかけの一つにはなったんじゃないかなぁとは思います。

2 みんなと同じようにできない自分にイライラしているBくん

自己肯定感が低いBくんの口癖は、「オレなんて」でした。学習用具の準備もおぼつかず、注意も散漫です。周りの子が見かねて手伝ってあげようとすると、かえって腹を立てたりいじけてしまったりします。クラスメイトとのトラブルも絶えず、うまくいかないことがあるたびに投げ出してしまいます。

運動会に向けた練習が佳境に入った5月のある日のことです。保護者から連絡が入りました。「いつも先生に怒られてばかりだから学校に行きたくないって、Bが言ってましてね！」とたいへん強い口調です。学校に対して不信感を抱いているのは明らかです。

そこで担任、学年主任と一緒にBくんの自宅を訪ねて面談することにしました。そして、子どもたちへの指示一つにしても、視覚情報を交えながらAくんにもわかりやすく行うなど丁寧に指導することを約束し、「しっかり対応するので、しばらく様子を見ていてください」と伝えて家を後にしました。

そんなある日の放課後、いっこうに下校しようとしないBくんに声をかけたところ、こんなことを言い出しました。

「オレ、うちに帰ると母ちゃんに怒られてばっかだから帰りたくないんだよなぁ。それに、今日は帰ったらプールだし、コーチめっちゃこわいし」

このとき、「家では『担任の先生とコーチがめちゃめちゃ怖いから、学校にもプールにも行きたくない』と口にしている」という保護者の言葉が思い出されました。

おそらく水泳教室では、「学校や家では怒られてばかりで嫌だ」などと口にしているのでしょう。要するにBくんは、本当はすごく困っているのだけど、助けを求める方法がわからず、どこにいても失敗ばかりしていることに心底うんざりしていたのだと思います。

そこで、夏休み前の個人懇談のとき、同席した私は思い切って次のように言ってみました。

「家では学校とプールが嫌だと言っているようですが、学校では家でもプールでも怒られてばかりで嫌だと言っています。水泳教室でもきっとなにかあると思うのですが、心当たりはありますか?」

するとこんな答えが返ってきました。

「水泳教室では以前、年齢の割にいいタイムが出たので選手育成コースに入ることになったんです。最初のうちは喜んでいたのですが、コーチの指導がきつくなってしまって…」

「なるほど、そのようなことがあったのですね」と私は相づちを打ちました。「Bくんはいろいろなことに困っているのだけど、自分ではどうしようもできない状況がつづいていて、イライラしているのではないでしょうか。そこで、ちょっとしたことでよいと思いますので、学校でも家庭でも褒めてあげる機会を増やしませんか? たとえばですが、本校でも水泳の授業があるので、Bくんにミニ先生になってもらうというのはいかがですか?」と保護者に提案してみました。

その話を保護者から聞いたBくんはよほどうれしかったらしく、水泳学習の日に張り切って学校に来ました。

周囲とのかかわりが上手ではないBくんではありましたが、学年の先生たちが注意深く見てくれたおかげで無事ミニ先生をつとめあげ、上機嫌で家に帰っていきました。私はすかさず担任に声をかけ、水泳学習でのBくんのがんばりを保護者に伝えるとともに、褒めてもらえるようにお願いしてもらいました。

この作戦が功を奏し、「次はどんな作戦でいきましょうか」などと担任と保護者が連携するようになりました。そのうちに保護者の態度が軟化するとともに、Bくんもだんだんと前向きに取り組む様子が見られるようになっていきました。

＊

「問題となる原因を探り、それを取り除こう」というかかわりも大切です。問題の背景になにがあるのかを探るのも必要でしょう。しかし、「問題の根を絶つ」という考え方だけでは、思うようにうまくいかないのが教育現場です。

そこで、まずなによりも「その子にとってよりよい未来とはどのようなものか」「そうした未来を見せるためにはどうしたらいいか」を考えることが先決なのだと思います。そのような視点をもって接すれば、その子に手を差し伸べる絶好のタイミングを見逃さずに済むでしょう。

3　保護者には頻繁に、肯定的な直近の子どものよさを伝える

担任から家庭にかける電話連絡は、どのような内容が多いでしょう。

「Cくんのもっていた消しゴムがうらやましくて、つい自分の筆箱に入れてしまいまし

た」

「Dさんにけがをさせてしまいました」

「今日は教室に入ることができず、クラスメイトにも暴言を口にしてしまいました」

など、ネガティブな連絡が多いのではないでしょうか。〝学校からかかってくる電話は、いつも嫌なことばかり〟と思っている保護者はきっと多いことでしょう。

この状況をなんとかしていい状況に方向転換したいと考えました。それが、「直近の肯定的な子どものよさを頻繁に伝える」です。

しかし、そうするには工夫が必要です。といっても、大層なことではありません。たとえば、「お母さん、今日は、こんなことをがんばっていたんですよ」などとポジティブな連絡をすればよいだけです。

日ごろから学級だよりなどを通じて子どもたちの様子を保護者に伝えていると思いますが、生の声で直接言われたほうがうれしいものだし、こちらの真意が伝わりやすくなります。ネガティブな連絡よりもポジティブな連絡回数が上回れば、担任への保護者の信頼はよりいっそう増すことでしょう。

「保護者対応が大変だ」などとよく耳にしますが、大変に思うのは保護者からのクレームなどを前提とした受け身の対応を迫られるからです。もちろん、学校側に明確な過失がある場合もありますが、思い違い、行き違い、ボタンの掛け違いによるクレームだって少なくありません。

そう考えれば、「子どものよさ」を伝える連絡は、教師側からの能動的な対応となり、その積み重ねによって信頼関係を築き、不要なクレームを減らす対応ともなるはずです。

忙しい日々を送る先生方が頻繁にできることではありませんが、できる範囲でかまわないので、トライしてみるよう促してみてはいかがでしょうか。

うまくいかない原因を他者に求めても埒は明かず、淀んだ空気を振り撒いてしまう

自分のクラスでうまくいかないことを子どものせいにする言動、職員室で子どもたちのことを悪く言う言動、自分の学年がまとまらないのはA先生がしっかりしないからだと責任転嫁する言動などを見聞きすることがあります。いまも昔も変わらず、私を不快にさせる光景です。

私と同じように感じる方は、きっと多いことでしょう。しかし、そうした光景がなくならないのも現実です。それに対して、私の心をあたためてくれる光景もあります。そ

れは、むずかしい子どもの対応や、肝を冷やすような出来事を、ときには笑いを交えた愉快な話にしてしまう先生方との談笑です。

物事がうまくいかないときはたいてい、自分の側に課題があります。丁寧さが欠けていたり、相手のことをおもんぱかれていなかったり、見て見ぬふりをしてしまっていたりしたときです。

私も若いころは、同僚の先生方や、管理職の先生にたくさん迷惑をかけたと思います。担任を外れ、専科指導や保健主事、教務主任などを務めていたときも、だれかのためにがんばれていない自分がいました。しかしそれでも、他者に原因を求めないように努めていました。もし求めてしまえば、自ら成長の歩みを止めてしまったでしょう。そればかりか自分を劣化させ、周囲に悪い影響を及ぼしていたかもしれません。

すべては自分の所業。うまくいかないときこそ、わが身を顧みるほかないのです。

話は変わりますが、教頭時代、「至誠」と書かれた湯飲みを愛用している校長先生がいました。世の中がダイナミックに動いた幕末の時代が好きだった私は、吉田松陰が大事にしていた言葉であることがすぐにわかりました。でも、そのときは歴史上の知識として知っていただけで、「至誠」のもつ本当の意味を理解していなかったのです。

そのことをのちに、私は思い知ることになります。

当時の勤務校には教師としてのコミュニケーション能力に長けた先生方が多く、保護者対応に行き詰まるといったことがほとんどありませんでした。そのため、教頭である私のもとに相談が寄せられることはきわめてまれです。仮に私のもとへ話がもち込まれた場合にも、先生方と連携して丸く収めることができていたので、校長先生には報告するだけで済んでいました。

しかしながら、そうできなかった案件があります。とある保護者から厳しい対応を求められたときのことです。詳細は省きますが、私の対応では納得いただくことが叶わず、校長先生に頼るほかありませんでした。

校長先生は面談に同席すると、柔らかく、すべてを包み込むように保護者の訴えに耳を傾け、共感し、そして丁寧に、それでいて毅然とした態度で自身の考えを述べられ、対応されました。

とくに印象的だったのは、「何度でも納得のいくまでお話をうかがいます」とくりかえし伝えていたことです。その一幕だけで解決したわけではないのですが、職員室を後にした保護者からは笑顔がこぼれていました。

このとき、誠心誠意をもって人に接するならば、どんな難局であろうと事態は必ず改善されるという「至誠」の意味を私なりに理解したのでした。わが身の対応を鑑みれば、相手の立場に立って話を聞く姿勢も、丁寧さも足りていなかったのです。

至誠にして動かざる者は、未だ之れ有らざるなり

いつか萩に訪れる機会があれば、「至誠」と焼きつけられた湯飲みを探してみたいと思います。

第2章

価値を実感できる
校務のつなげ方、
相手の心に届く伝え方

私はすごく面倒くさがり屋だから、なんとかして面倒くさくしない

私は若いころから北海道社会科教育連盟（以下、「社連」という）に所属しており、現在は事務局長（札幌市社会科教育連盟）を務めています。これまでたくさんの先生方とかかわりながら、さまざまなプロジェクトに携わってきました。そうしたなかで、とみに感じるのは進捗状況を把握することの重要性です。

学校の内外を問わず、どのようなプロジェクトもチームを組んで遂行します。しかし、進捗状況があやふやになってしまうと、そのプロジェクトは遅滞します。チームメンバーの意欲がどれだけ高くても、そうです。だからこそ、だれの仕事がどこまで、どの程度進んでいるのかを確認し、お互いに把握できるようにしておくことを重視しているわけです。

そのために私がまず行うことは、お互いに連絡を取りやすくするチームづくりです。言葉にすると、〝なにを当たり前のことを…〟と思われるかもしれません。しかし、この当たり前がとても大事なのです。

私はメンバー全員分のメールアドレスと電話番号をリスト化し、電子メールで一括送信します。内容はプロジェクト立ち上げを知らせるだけの簡単な内容です。ただし、メールを受け取ったら必ず内容に目を通し、3日以内に返信を行うよう文面の最後に明記します。

期日を過ぎても返信がなかったメンバーには電話連絡し、病気や怪我などのやむを得ない事情がない限り、返信を怠らないようにお願いします。メールであれ電話であれ、だれかから連絡が来たら、（「届きました」の一言で差し支えないので）必ずなんらかのリアクションを行うことを徹底します。

わざわざ返信しなくても既読の有無で判断できるアプリもありますが、あえてメールを使います。オフィシャル感を出すためです。

それともう一つあります。

先生方は忙しいので、一同に会することも極力しないようにします。オンラインであれば移動時間を節約できますが、メンバーの時間を拘束することに違いはありません。できるだけメールの往還だけで済ませられるようにしたいのです。

このように書くと、「ただでさえ忙しいのに、制約がきつすぎないか」と感じる方も多いと思います。しかし、最初の段階でこのやりとりを徹底しておかないと、後々次に挙げるような困りごとが起きます。

●メールの内容をろくに読んでおらず、進捗状況を理解していなかった。
●期限つきのデータがクラウドからダウンロードできなくなっていた。
●期日を過ぎても、やるべきことが行われておらず、プロジェクト全体の進行が遅れてしまった。
●いつまで経っても、プロジェクトのゴールが見えない、迷走してしまう　など。

なかには、どうしても返信が遅くなってしまう人もいます。しかし、そんな人に対してもプロジェクトのスタート時に返信がない場合の確認をしっかりしておくと、「ちゃんとしなければ」という意識をもってもらえます。

ただでさえ忙しい日々を送っている先生方が、連絡体制がグダグダしているせいで煩わされることが増えれば、否応なく意欲が削がれます。そればかりか不満がたまり、後々しこりが残ってしまうこともあります。当然、プロジェクトはうまくいきません。

こうしたことは、学級経営にもつながることだと思います。

「黄金の3日間」という考え方があります。みなさんもご存じでしょう。4月当初の3

日間のうちに基礎固めをしてしまえば、その年の学級経営がスムーズになるというものです。本当に3日間だけでいいのかについてはさておき、端的に言えば「はじめが肝心だ」ということです。

かくいう私は、どんなプロジェクトであっても、チームメンバーに対して高いレベルを求めているわけではありません。能力は人それぞれだし、ない袖は振れません。私がチームに対して求めているのは、たった一つのことです。

平凡なことをきちんと行えるなど、コミュニケーションを図れるチームであること。

そんなチームであるためには、些細なことであっても、うやむやにならないようにすることです。そのためには、基本的な考え方を幾度となく伝え、ときには指導・助言し、各自の進捗状況を確認するとともに、メンバー間で共通理解を図れる体制を整えるほかありません。

そもそも私は、面倒臭がり屋です。

できれば日がな一日、な〜んにもしないで窓の外をぼんやり眺めていたい人です。

冬、窓辺にバードテーブルを置いておくとシジュウカラ、ゴジュウカラ、シマエナガがやってきます。こぼれた鳥のえさをねらって、たまにエゾリスもやってきます。脂身を下げておくと、アカゲラがやってきます。テンが来たこともあります。

なんの予定もない週末には、一日中ソファーに座って鳥を眺めています。そんな姿を横目に、家族は私を「ぐーたらひろし」と呼んでいます。

万事そんな調子ですから、面倒なことはしたくないのです。なので、「面倒くさくならないようにするには、どうすればよいか」といつもいつも考えています。連絡体制の徹底もその一環です。

どんなことでもつなげて考える

このように、なにかにつけて「面倒なことはしたくない」私ですから、つなげられそうな教育課題はなんでもつなげようとします。

（現行学習指導要領で求める）「主体的・対話的で深い学び」と、（3年ほど前から注目されている）「個別最適な学びと協働的な学び」などを例にするとわかりやすいかもしれません。なぜなら、前者と後者を別々の教育課題だと考えてしまうと、非常に面倒くさくなるからです。

たとえば、「前年度までは前者について研究してきたけど、今年度からは後者が研究課題だ」とか、「後者は前者に成り代わったものだ」などと考えてしまうのだとしたらどうでしょう。

なかには、「よし、今度は後者について研究するんだな」と気合いを入れる先生もいるかもしれません。しかしそれとは対照的に、内心「前者の研究はいったいなんだったの？」「前者の研究はもう役に立たないのね」などとがっかりする先生方もいると思います。

このとき、次のように考えたらどうでしょう。

「主体的・対話的で深い学びという視点で授業を改善すれば、子どもたちの学習は個別最適で協働的になるはずだ」

このようにつなげて考えるだけでも、別々の研究課題とする必要がなくなります。そればかりか、先生方のモチベーションを不必要に下げなくて済むし、これまで重ねてきた研究成果をよりよい形で積み上げていくこともできるかもしれません。

まさに1粒で2度おいしいですよね。なにより、面倒くさくないのがいい（本当のことをいうと、「主体的・対話的で深い学び」と「個別最適な学びと協働的な学び」はどのようなつながりがあるのかについて、令和3年の中教審答申が整理しています。しかし、忙しい日々を送る先生方が中教審答申の内容を把握しておくことは困難なことから、別々の教育課題であるかのように受けとめてしまうこともあるだろうと考え、例に挙げてみました）。

ほかにも（学習指導要領上「教科等横断的な視点に基づき育成」することを求めている）情報活用能力などもそう。「どうやって育成すればいいか」などと個別の研究課題として取り出してしまうと、これもまた面倒くさいことになります。

そもそも情報を活用しない学習など存在しません。社会科であれば、資料などの情報を活用できなければ、問題解決どころか学習問題をつくることもままなりません。どの教科等においても、（程度の差はさておき）子どもたちは自分が見聞きした情報を活用しています。

さらに言えば、情報活用は学習の場面だけではありません。子どもたちがもし、日常生活でも情報を活用しなくなれば、横断歩道を安全に渡ることさえできなくなるでしょう。

そう考えれば、ことさら「情報活用能力うんぬん」などと、特別なものとして考えなくてもいいのではないでしょうか。（社会科であれば）「子どもたちが、これまでよりももっと活用しやすい資料（情報）を用意し、適切なタイミングで提示する」という切り口から教材研究に注力すればいい。

要するに、教科等ごとに注力すべきポイントが変わるだけであり、（どの教科等においても）「学習者主体の学びを実現する授業づくりに真摯に取り組んでいれば、（情報活用能力をはじめとする）教科等横断的な諸能力はおのずと育っていく」（日々の授業改善の要素の一つだとつなげてしまえばいい）という考え方です。このように考えれば、「せっかく情報活用能力を研究課題に取り上げているのに、なかなか育成されていかない」という課題も解消されるのではないでしょうか。

こうした、一見すると別々の教育課題であるかのように見えて、注意深く見るとつながることが、学校にはたくさんあります。

異なる意図のもとに取り組んだ実践をつなげてみる

1 お試しクラス編成

クラス替えの際には、教師同士が前年度の子どもたちの様子を共有し、できるだけ望ましい割り振りとなるように管理職は努めます。しかし、いくら細心の注意を払っていても、あるいは経験豊かな先生方が豊富な情報を頼りに頭をひねっていても、最適解に至らないことがあります。本当のところは実際にやってみないとわからないからです。

実際、新年度を迎えて教室を訪れると「このクラスは、他のクラス以上に丁寧な指導が必要なクラスだな」と予感されることもあります（教師の勘みたいなものですが、悪い予感ほど当たってしまいます）。それだけ子どもたち同士の関係は不確実性が高いのです。

そんな様子を幾度となくみてきた私は学級担任時代、当時の管理職の許可を得て行ってみたのが、「（義務教育標準法に定める正規の）学級編制を行う前に、仮想クラスで1日過ごしてみる」という取組です。私たちは「お試しクラス編成」と呼ぶことにしました。

この年は、配慮を要する子どもや保護者がたいへん多く、しかも前年度からの申し送りで、組み合わせNGの子どもたちも数多くいました。そのため、どのような編制を考えても、「あちらを立てればこちらが立たず」といった状況から抜け出せないように感じられました。そこで、「本当のところ」を知るために、「お試しクラス編成」をやってみたわけです。

実施時期は3月。丸1日、仮想的に編成されたクラスで子どもたちが過ごします。状況にもよりますが、1回だけではつかめない場合には何回か行います（最大で3回ほど）。そうすると、これまでよくわかっていなかった子どもたちの微妙な関係性や良好な組み合わせが見えてきます。

そして、「これならどのクラスも1年間やっていけそうだ」と手応えを得た段階で、正規の学級編制を行ったわけです。けっしてベストな組み合わせとは言い難くとも、ベターに近づけることができた（少なくとも、最悪は免れた）ように思います。

その後、管理職になった私は、厳しい編制になりそうだと予見される学年において、先生方の理解を得たうえで「お試しクラス編成」を取り入れてみました。すると、やはり効果が高いことがわかったので、他の学年の先生方も含めてその効果を共有し、徐々に取り組む学年を広げています。ゆくゆくは、全学年で行いたいと考えているところです。

2 学年専科授業とつなげる

3学級編制の4学年が、以下の要領で「学年専科授業」に取り組んだときのことです。

- 1組の先生は音楽（年間60時間×3クラス）を担当する。
- 2組の先生は外国語活動と算数の一部（年間60時間分×3クラス）を担当する。
- 3組の先生は図工（年間60時間分×3クラス）を担当する。

この場合、2組の先生は年間35時間分の外国語活動に加え、プラスαで算数の授業を行うことになります。当初は〝ちょっと調整がむずかしいかなぁ〟と考えていました。

しかし、算数の専門家だった2組の先生は、「少しでも算数を担当させてもらってうれしい」と言っていたし、予定外の授業であっても、その場で展開を組み立てられる力量をもっていたこともあり、〝それなら、まぁいっか〟と思って、先生方に任せてみることにしたのです。

実際に取り組んでみてわかったことですが、三つの副次的効果がありました。

一つ目は、効率的な授業準備です。

これまで3人の担任教師がそれぞれ3教科で年間180時間もの時間を要していた授業準備が、受けもつ教科が絞られることによって、授業の質を落とすことなく60時間に短縮される結果となったのです。これは時間をかけずに教師の効果的な研修にまで「つなげられる」取組となるはずです。

二つ目は、授業力向上です。

従来であれば、（当たり前のことですが、たとえば）特定の単元の特定の1時間を行えるのは、1年で1回だけです。同じ内容の授業をくりかえすことはできません。言い換えれば、年間1000時間に及ぶ授業はすべて「違う内容の授業」なのです。

それに対して、学年専科授業方式であれば、（本校の場合は3クラスなので）同じ内容の授業を3回行うことができます。1回目にうまくいかなくても、改善案を考えて2回目、3回目の授業に臨むことができます。これが授業力向上につながったのです。

ただし、よいことばかりではありません。この取組においては、これまで受けもってきた教科の授業を行わないことになるので、その教科独自の見識を深めることはできません。

実際、「1年間4年生の音楽と外国語活動を担当しないのは自分の経験としてはちょっと心配がある」といった声も聞かれました。教職4年目の先生でした。しかし、この点については、はじめて受けもつ学年であればいつでも起きることです。

私自身、はじめて4年生を担任したのは新任の年でしたが、次に4年生を担任したのは実に14年後です。教科書をはじめとしてなにもかも変わっているのでゼロベースです。それでもなんとかやっていくことになるので、〝結局はそれと同じことなんじゃないかなぁ〟と思っています（この点は小学校あるあるですね。中学校では考えられないことでしょう）。

なによりも、授業準備の負担軽減にもつながる取組ですから、教科等を問わない授業力そのものが向上するならば、それと引き換えにしてもあまりあると考えました。

三つ目は、各クラスに3人の先生の目が入るようになったことです。その結果、自然と「4学年の子どもたちは3人の教師で育てていく」という意識が芽生えたのです。

小学校では、中学校と比べて学級担任と子どもたちとのかかわりが強くなります。子どもたちの発達段階などを考慮すると、それ自体はよいことなのですが、「（よいことも悪いことも）担任一人が背負い込む体質になりやすい」といったデメリットと背中合わせです。そうした状況を少しでも軽減するべく、学年の先生で協力しながら子どもたちを見ていこうという意識をもって日常の指導に当たるわけですが、できることには限りがあります。

それが、教科限定とはいえ、担任していない他のクラスの授業をもつことになるので、教室の外から見るよりもはるかに子どもたちの様子をつかむことができるようになります。つまり、学年会などの場でも、子どもたちの事実をもとにして意見を交流できるようになるわけです。

こうした様子を見ていて私は、「お試しクラス編成とつなげられる」と考えました。「さらなる生徒指導に生かせるはずだ」と。つまり、お試しクラス編成と学年専科授業方式とを別々にとらえるのではなく、双方とも「生徒指導の充実」という大きな幹から悠然と伸びる枝葉であると位置づけることで、さらなる取組の充実を図れるはずだと考えたわけです。

*

管理職に限らないことだと思いますが、「先生方や子どもたちの成長を促すにはどうすればよいか」という高い視野から俯瞰し、親和性のありそうな取組をつなげられるように整理をつけられれば、自分たちの実践の目的や意義、価値をより明確に実感できるようになります。

それには学校の取組を、一つ一つ独立したものととらえるか、それともなんらかの形でつながっているととらえるか、教師自身の「見方・考え方」次第です。もし後者の立場に立ち、異なる取組のつなぎ目を見つけられれば、困難だと思える課題に対しても、効果的・効率的な一手を打つことができるでしょう。

3　先生方とつながれる危機管理

学校のどの取組にも意図があり、そのつど先生方と共有しているのですが、異動によって受け止め具合に差が生まれてしまうこともあります。

そこで、「本校の教育活動の意図」を文書にまとめて、4月当初に配付することにしています。

次に挙げる文章は、そこからの抜粋です。

[年度末に行う参観懇談を計画する際に留意すべきこと]

●本校の地域性や子どもたちの実態を考慮し、次に挙げる活動は行わないこととする。

・両親への感謝の手紙をみんなの前で読む。

・名前の由来をみんなの前で発表する。
・赤ちゃんのときの写真を集めてスライド等にする　など。
・生活科の「自分の成長を振り返る」取組では、就学前の成長については扱わない。
・3年生、4年生で「二分の一成人式」という名称を使わない。

●意図は、次のとおり。
・全国的に見ても、自分の幼少期のころの写真などが全くない子、施設にいた子、里親に育てられている子は一定数いる。そうした子どもたちは「自分の名前の由来」を知らないことが多い。これは、社会問題としても取り上げられる事案である。
・二分の一成人式は、以前教科書でも取り上げられたこともあって全国的に広がり、保護者が感涙にむせぶなどの感動的な取組になる一方で、保護者への感謝の気持ちを伝えるという趣旨が、虐待を経験した子どもにとっては逃げ場のない、たいへん苦しい前提条件となってしまう。

ここでは、特定の子どもたちに配慮すべき旨を記していますが、伝えたいことは、**他校でどれだけ実績のある教育活動であっても、勤務校に在籍する目の前の子どもたちの「実態ありき」で取り入れるべきかを考える**ということです。もし仮に「活動ありき」にしてしまえば、子どもの成長を促すどころか逆効果となってしまいかねません。

これは、当事者たる子どもたちへの配慮だけではありません。大好きな友達の苦しむ姿を見たいなどと思う子どもなどいませんから、ひとたび配慮を怠れば、周囲の子どもたちをも巻き込んで心に深く傷を負わせしまうかもしれないのです。

こうしたことはいずれも、当たり前のことのように思われるかもしれません。しかし、きめ細かく共通理解を図っておかないと、ふとした隙、ちょっとした気の迷いで起きてしまう事柄なのです。

事後の個別対応だけではいたちごっこになるだけです。先生方とつながれる危機管理であってこそ、不要なトラブルを未然に防ぐ強固な防波堤になるでしょう。

どのような取組も方向性を価値づけることで加速する

管理職として学校経営方針を明確に掲げ、重点の提示を行うことは重要です。しかし、それがどれだけ優れた見識に基づいたものだったとしても、すべての教職員が同じ熱量で受け止め、理解し、行動するなどといったことはあり得ません。物事というものは、一律に、順序よく、効率よく、規則正しく進んでいくものではないからです。

そこで私は、いったん方針を示したら、そのときが訪れるのをじっと待つことにします。熟成期間が必要だからです。

自分の言葉の真意が先生方に届き、必要なときに適切な価値づけを行ってさえいれば、いつかどこかで必ず具体的な形になって現れます。私は、その瞬間を逃さないように、校内を回る際にはデジカメをもち歩きます。心に残った場面を記録しておくためです。

1 「じっと待つ」→「瞬間をとらえて価値づける」

本校に着任当初、各教室を回っている際に決めたことがあります。それは、「書く力」をつける指導です。

ここで言う書く力とは、語彙が豊富だとか人の心を惹きつけるといった質の高い文章を書ける力ではありません。書くことに対して抵抗感なく自分が思ったことを率直に書けるようになる力です。そうした力をつける必要があると考えました。

教室に掲示されている観察カードひとつとっても、一目瞭然です。スカスカの状態で掲示されているものもよく見られました。書きたいことが思いつかない、書きたいことはあるのだけどどう書いたらよいのかわからないなど、書けない理由はいくつも考えられます。

しかし、私の見立ては違います。「書くのはつまらない、面倒くさい。だからちょっとでも書いたら『もうできた』でいいよね」という案配なのだろうと推測しました。

そこで私は、〝これは、書く機会を増やすことを通して、書くことに慣れさせるほかないな〟と考えたわけです。

そこでまず、「本校で真っ先に子どもたちにつけるべき力は書く力です」と先生たちに伝えました。それにつづけて、次のように問いかけました。

「まずご自身のクラスの子どもたちの様子を頭に思い浮かべてみてください。ノートでも観察カードでもなんでもかまいません。書く活動においてなんでもいいから子どもたちは<ruby>ぴっしり</ruby>書いていますか?」

時期を同じくして校内研修の場でも「どのようにしたら、子どもたちがびっしり書くようになるのか」について具体的に話しました。

ここまでが種まきです。後はじっと待つだけ。

やがてどこかのクラスで「ほぼ全員がびっしり書く」といった状況が出てきます。最初のうちは、考えないと書けないような観察カードやノートではなく、自分の感じたことを2、3行程度で書ける図工の作品カードあたりから表れはじめます。

それでいっこうにかまいません。なぜなら、私が重視していたのは書ける文字数ではなく、枠内にびっしり書いている状況が生まれるようにすることだったからです。そうしているうちに、少しずつですが「枠内にびっしり書く」という意識が芽生え、浸透していきました。

私はそうしたカードをカメラで写真に撮っては、校務支援用の画像フォルダに保存し（フォルダ名も「びっしり書く」です）、「校長室から」という不定期の通信で「びっしり書かれたカードの写真」を先生方に共有します（**資料1**）。

低学年の子どもたちが、「びっしり書く」ようになってくると、その状況は中学年へ、さらに高学年へと波及していきます。そして、入学当初に「びっしり書く」ことが当たり前になっている子どもたちが高学年になるころには、「びっしり書く文化」が本校に根づいていることでしょう。

このようにして**学校の文化は、シンプルなことをくりかえすことを通して少しずつ、つくられていく**ものなのだろうと思います。

2 「びっしり書く」補足

「びっしり書く」という言葉は、学級担任時代から使っていた言葉です。

新しいクラスを担任するときには、4月に「びっしり書く」指導をしていました。た

資料1　書く力を鍛える　山鼻小学校で大切にしたい教師のかかわり

枠をいっぱいに使って「びっしり書く」文化がある学校は学力が自ずと上がります。「びっしり書く」文化が学校全体にある学校は強いと思っています。

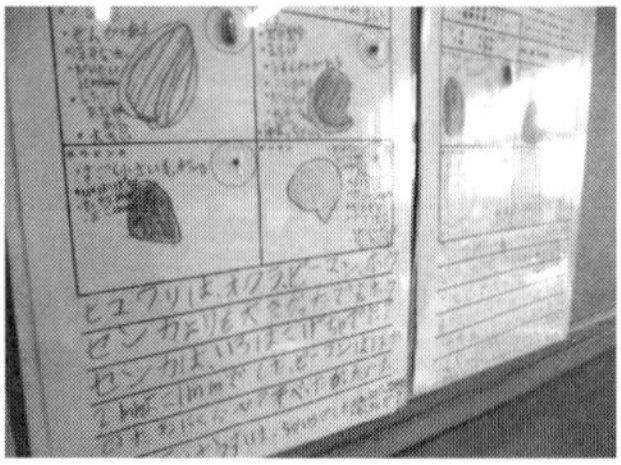

教室の後ろや廊下の掲示を見ているとシートや、カードの枠をいっぱい使ってびっしり書いている子が多いことがわかります。先生方が「最後の行まで書くんだよ」という指導を丁寧にしているからだと思います。

低学年のうちから、そういう指導を継続することで、「書く力」は本当につきますし、継続することで、子どもたちの力になります。素晴らしいことです。よく、「びっしり書く」ことが目的化しているとか批判する人がいますが、「びっしり書く」ことができるようになってから、質を上げればいいだけです。

書く量が増えれば、「書くことへの抵抗感」は確実になくなります。ほとんどの子は、「書くこと」への抵抗感から、書かなくなってしまいます。抵抗感がなくなれば、質はいくらでもあげることが可能です。まずは、書くことに抵抗感がない子を育てるというのは本当に大切だと思います。どんなシートも、カードも、ノートまで、必ず「びっしり書く」という「文化」を作っていくのです。（ノートのびっしり化については別の機会に）この「びっしり書くこと」の指導をするのはなかなか根気のいるものです。全員ができないことも多いかもしれません。時間がかかります。

「びっしり書かせるため」の「枠の工夫」も必要です。「自分の学年の子どもたちには、今はこのくらいがちょうどいい抵抗感だな」と考えて枠を作るのです。そうしないと、びっしり書くことができずに中途半端になるか、時間が膨大にかかることになります。「びっしりかけたね！　すごいね！　」と褒める場面をたくさん作るのです。粘り強く指導を続けることで、少しずつですが書く力は着実に上がりますね。

この指導が徹底できない学校はたくさんあります。「最後の一行まで書く」「びっしり書く」という指導の視点すらないことも多いです。

すぐには効果は出ないかもしれませんし、徹底するのがむずかしいことですが、大事にしていきたいかかわりだと思います。

とえば、子どもたちが観察カードを提出した際に、最後の1行でも空いていれば、「まだ完成していませんよ」と言っては返し、「びっしり書くことが約束事でしたね」と伝えます。

観察カードに限りません。ノートや作品紹介カードなども同様です。

説教がましいことは言いません。とにかく「びっしり書く」という言葉が子どもたちの頭に残るように伝えていました。

もちろん伝えたからといって、すぐに書けるようになるわけではありません。そのため、4月中は観察カード1枚を仕上げるのにも、たくさんの時間を使っていました。その効果が現れはじめるのは、5月の連休明けごろです。およそ書ける子どもたちになっています。

このように言うと、次のように聞かれることがあります。

「たくさん書けない子どもの場合にはどうするんですか？」

私はこう答えます。

「『たくさん書く』ための指導ではありません。『びっしり』書くための指導なんです。だから、どの子も書ける枠にしておくんですよ」

枠いっぱいまで書ければ、子どもは達成感を味わうことができます。「自分は書けるんだ」と自信をもたせることができるのです。

「さらに、それともう一つ」と私はつけ加えます。「たくさん書きたい子どもに対しては、『つづきは枠の外にも書いていいよ』と伝えます。そのために、枠の外側を空白にしておくんです。より正確に言うと、もともと8行くらい書き込めるカードの枠を4行程度にしておくってことなんですよね」

もちろん、子どもたちが抱える課題はさまざまですから、なかにはどうしても書けない子もいるし、負荷をかけすぎると無理強いになってしまうこともあります。

ここでもバランスを図ることが大事なわけですが、私が重視しているのは、書くことに対する苦手意識を払拭し、「がんばれば自分にもできそうだ」と子どもが思えるようになることです。

2学期が終わるころにはびっしり書いている自分のノートを満足げに見返している子どもや、教室の後ろに掲示してある学習カードを指さしながら談笑している子どもたちを見かけるようになります。そのたびに、〝指導してよかったなぁ〟としみじみ思います。

3　授業参観考察は私目線の価値づけ

部内研、初任者研、全校研など、指導案が配られた授業はなるべく見に行き、「授業参観考察」をまとめて全員に配付しています（資料２）。この考察においては、「佐野の目から見て、よかったところ」を価値づけることが目的です。つまり、客観性とか妥当性などといった堅苦しいものではなく、あくまでも私目線の「見方・考え方」を働かせた考察であり、価値づけです。

私がこれまで指導案を書き、参観してもらった授業は延べ92本にのぼります。多いときには年間８本程度。このようにたくさんの授業を公開してきた経験もあって、「完璧な授業などない」と断言できます。そして、「どんな授業にも主張できる点がある」とも。

傍目には子どもたちが闊達に学習しているかのように見えても、理解に届かない子は必ずいます。そして、私たち教師は「どの子にとっても完璧な授業などない」ことを知りながら、少しでも目の前の子どもたちの学習がよりよいものとなるよう研鑽を積みます。

授業を参観する先生方にとってもそうです。授業になにを求めるかによって、参観する授業のとらえは千差万別だからです。そのような意味でも、「どの参観者にとっても完璧な授業などない」と言えるのです。

このように考えれば、自分がどんな授業をしたいのか、どんな子どもたちになってほしくて日々かかわってきたのかがしっかり伝わる指導案になるよう努める必要があるし、それがその教師自身の主張になるのだと思います。

どの先生方の授業であっても、見るべきものがあります。自分にはない視点からの教材化、自分では選ばないような展開があったりするからです。

本校では、年度はじめに授業改善部が示している「今年度の重点」があるので、それに沿って授業を見ては価値あるポイントを見つけては文章にまとめて伝えます（資料3）。

資料2　先生方の授業を見てまとめた参観考察の一部

030422【養護教育実習　高橋・矢野】.jtd
030629【初任者研師範授業　花田】.jtd
030629【初任者研師範授業　花田】.pdf
030714【初任者研師範授業　中田】.jtd
030921【初任者研師範授業　鈴木】.jtd
030922【実習生研究授業　近久】.jtd
030922【実習生研究授業　須藤】.jtd
031005【初任者研師範授業　守屋】.jtd
031021【２の３授業参観考察】.jtd
031028【部内研授業　特別支援】.jtd
031104【部内研授業　道徳　下田】.jtd
031109【部内研授業　国語　神保】.jtd
031118【部内研授業　国語　和田】.jtd
031124【初任研授業　山本】.jtd
031129【次年度研究の方向性の確立に向けて】.jtd
031129【部内研授業　特別支援跳び箱】.jtd
031130【部内研授業　算数　花田】.jtd
031130【部内研授業　道徳　藤田】.jtd
031202【部内研授業　国語渡部・道徳村上・保健八木】.jtd
031207【部内研授業　道徳　鈴木悠】.jtd
031208【部内研授業　算数　成田】.jtd
031209【部内研授業　国語　守屋】.jtd
031209【部内研授業　算数　中屋】.jtd
031209【部内研授業　道徳　鈴木（健）】.$td.jtd
031209【部内研授業　特別支援　若林】.jtd
031210【部内研授業　算数　大越】.jtd
031214【部内研授業　算数　佐藤】.jtd
031215【部内研授業　特別支援　山本】.jtd
031217【部内研授業　国語　中田】.jtd
031217【部内研授業　国語　中田】.pdf
031221【初任研授業　成田】.jtd
040221【社連授業　町田実践】.jtd

新たな視点から考えを見直す

新たな視点とは何か

◆新たな視点から考えを見直すということは視点を変換するということ◆

500 円が分岐点だとわかった子どもたちには「なぜ 500 円となったかは理由づけられない」との思いがありました。

「500 円はどっから出てきたのか考えていた」

「偶然って感じがした」

「地道に当てはめて数字を予想するんじゃなくて、一発で出る方法を考えたい」

この視点の変換は非常に重要です。しかも、授業の流れの中から、先生が見事にとらえて、「どうしたら 500 円を導き出せるか」と新たに問い直していったのは素晴らしかったと思います。

これが「新たな視点から考えを見直す」ということだと思います。

子どもたちは、500 円を導き出し、様々な方法を交流するなかで、一定程度の納得が生まれている状況です。そこで、「どうしたら 500 円が直接導き出せるか」という逆方向の視点から考え直すことができるようなかかわりがあることで、今までの緩やかに束ねられていた納得から、学びを実感するところまで深めていくことができるのではないかと思います。

◆「場」としてとらえることで、することがはっきりする◆

授業の表れとしてはどの授業でも、「新たな視点から考えを見直す」という授業展開があります。「新たな視点から考えを見直す」ことを次年度の重点とするのであれば、指導案上に、2 本の線を引くことで、1 時間を 3 つの場として明確に規定すると、一つ一つの「場」で何をするのかがはっきりするのではないでしょうか。

「問いを生む場」

問いを生むための資料提示

問いを生むための問題場面の設定

等、教師がすることがはっきりとわかりますし、今と同じように子どもの思考の流れも想定できます。

3 つの場の名前を考えることは、「授業観」を揃えていくことにも寄与します。

資料3　授業を行ってくれた先生方への価値づけ

シンプルな学習展開が深い学びにつながる

問いを生む場

◆本時は何を問うべきだったか◆

もともとの指導案、改訂指導案、本時で板書されたものには３つの問いがありましたが、本時は何を問うべきだったのかを考えてみました。

【もともとの指導案】

・東店の方がお得なときって、どんなとき？

【改訂指導案）

・東店と西町店が同じ値段になることってある？

【本時の板書】

・境目はいったい何円？

単元の問題解決の中で、本時がどういう意味をもっているのかを考えることを通して、本時の目標が決まるし、本時の目標が決まれば、おのずとどんな問いを生むべきかが決まってくるのではないでしょうか。

本時は単元の最終段階で、さらに６年生の２学期末ということを考えると、今までの学びの中で鍛えられてきた数学的な見方・考え方を働かせて考えを深めていくことが求められます。ということであれば、数量の関係に着目する際に「割引」に着目し「割合としての１」の意味理解につなげる本時であるべきだと思います。

そう考えると、改訂指導案の「割引の意味について考える」本時の目標は単元全体の問題解決の中で理にかなっている本時の目標だと言えるのではないでしょうか。

そう考えた時に本時の「境目はいったい何円？」はとてもシンプルでいい問いだったなぁと思います。改訂指導案の「同じ値段になることってある？」よりも本時の目標に迫る問いだったのではないかと思いました。さらに言うと「どっちのお店がお得なの？」という問いはどうでしょうか。

いずれにしてもシンプルな問いほど、多様な子どもの考えが出されますし、それを緩やかに束ねながら、「新しい視点から考えを見直す姿」につなげていくことができるのではないかと考えています。

いずれもちょっとしたことです。そのちょっとした現れを、リーダーが「価値のあること」として言語化することに意味があるのです。しかも、授業者にしてみれば、自分では気づいていない授業の可能性かもしれないからです。そうしたちょっとした現れをヒントにして、授業を改善する先生方の姿をこれまで幾度となく見てきました。

このようにして教師は、自分が生涯大事にしたいと思える（指導観や学習観、子ども観を含む理念としての）授業観を見つけていくのです。

そして、これがとても不思議なのですが、教師それぞれで個別に研鑽を積んでいるはずなのに、あるラインを越えると、なぜだかみな同じような授業観をもつに至ります。専門とする教科によって表現の仕方は変わるのですが、言わんとすることは通底するのです。

けっして、揃えようと意図してそうなっているわけではありません。ただ、なんとなく揃っていくのです。おそらく、私たち日本の教師たちが心のなかで脈々と受け継いできた（ユングのいう集合的無意識にも似た）〝なにか〟なのではないかと思います。

そして、このような一人一人の授業観が寄り集まって、学校の太い幹となります。そうであれば、枝葉を伸ばすような自由な発想でどのような創意工夫もできるようになります。その枝葉はとてもカラフルで、揃っていながらにして多様性に満ちています。

学級担任時代、私はことあるごとに子どもたちを褒めに褒めていました。「どうやったら褒める場面をつくるか」ばかり考えていました。

もちろん、褒めればいいというものではありません。闇雲な褒め文句は諸刃の剣です。ときとして、子どもを追い詰める刃となります。だからこそ重視すべきは「なんのために褒めるのか」その目的です。私が子どもたちを褒め倒していたのは「一人一人のもつ多様性が尊重される学級」にしたいがためでした。子どもたちは学級で安心して自分を出せるようになれば、どんどん表現力が高まってきます。安心して自分の個性を出せるようになるからです。

どの子にもよさがあります。それは、周囲の子どもにとっても学ぶべきところでもあります。しかし、教師がなにもしなければ、それぞれにもっているよさに、子どもは気づけません。その子自身も自分のよさに気づいていないことも多々あります。そうした一人一人のよさに気づけるように、私は褒めつづけていたのです。

私が褒める場面は決まっています。

まじめに取り組む姿、一生懸命に取り組む姿、友達のことを思いやる姿を目にしたときです。「はじめに」でも触れた「テレビ台の後ろを一生懸命拭き掃除をしていた女の子」のような姿です。

これは、管理職になってからも同じです。

価値づけ、励まし、感謝することの大切さは、学級経営においても学校経営においても変わりありません。すべてのチームづくりにおいて欠かせないものだと、いつも思っています。

くりかえし、くりかえし何度でも伝える

私が常々大事だと考えていることは、何度でも伝えることです。

相手に理解してもらいやすい伝え方を工夫することも大切ですが、それ以上に重要なのが「くりかえし伝えること」なのです。

私がまだ右も左もわからない初任のころ、先輩や管理職から言われて戸惑ったことの一つにこんな言葉があります。

「そのことなら、前に教えたよね?」

けっして意地悪で言ったわけではないと思います。事実確認のためにそう口にしたにすぎなかったのでしょう。しかし、社会人になったばかりの若者にとっては、きつい言い方の一つです。

実際、そう言われるたびに、意気消沈。〝自分はなんてダメなんだ〟こんな調子で教師が務まるのだろうか〟と悩んだ時期もあるくらいです。

仕事を覚えるにつれて、そう言われることはなくなりましたが、自分はけっして口にするまいと誓った言葉でもあります。

1　1回ではなにも伝わらない

ひとたび「つなげて考えていること」に慣れてしまうと、「あれとこれをつなげれば、おもしろい取組になりそうだ」などといろいろなアイディアが浮かんでくるようになります。しかし、思いついたことをそのまま口にしていると、周囲の先生方を辟易とさせてしまいます。

管理職をはじめとしてリーダー的な立場に身を置くと、校内外のあれこれを俯瞰してみる立場にあるから、つなげて考える思考でなくとも、いろいろ思いついてしまうのです。聞かされるほうはたまったものではありませんよね。実際、私自身もかつてそうでした。〝え～、それっていま必要？〟と何度思ったことか…。

優秀な方であれば、「すべての案件をマルチタスクで遂行し、そのつど進捗状況を共有する」といったことができるのでしょうけど、私はあまりキャパが大きいほうではありません。真っ先に〝全部やったら大変だよなぁ、面倒くさいなぁ〟などと思ってしまいます。

そこで、とりあえず管理職の言葉を受け止めるふりをしておき、〝本当に大事なことはなんだろうな〟〝それはどんなニーズがあるんだろう〟などと考えて、〝これは先にやっておかないとまずいだろう〟と思ったところから手をつけていました（要するに、それ以外のことはスルーしていました）。

もし管理職から「あの件は、どうなっていますか？」などと問われたときは、ご納得いただける説明（要するに言い訳）を整理して伝え、事なきを得ていました（第1章で紹介したさまざまな整理のつけ方は、このころに鍛えられたのかもしれません）。

ただ、そうは言っても「本当に実現したいこと」に関しては、何度でも「その後、どうなっていますか？」と管理職は聞いてくるものです。そうしたときは、〝思いの強さを読み間違えた〟と頭を切り替え、手もとにある仕事の優先順位を入れ替えたりしていました。当時の校長先生方、相済みません。

こうした経験を踏まえ、いざ管理職になった私は、なにかおもしろそうなことを思いついてもすぐには口に出さず、まずは頭のなかで反芻し、ある程度のまとまりのある考えに至った段階で伝えるようにしています（この点は管理職に必要なことであって、先生方にはどんどん思いつきを発言するよう求めています）。その際、回りくどい言い回しを避け、「どのように伝えれば先生方の心にフックをかけられるか」を意識しながらキャッチーな言葉を選びます。

しかし、どれだけキャッチーな言葉を選び、丁寧に説明していても、先生方に意図が伝わらないこともあります。正確に言えば、伝わる先生もいれば、そうでない先生もいるということです。ただし、必ずしも固定的ではありません。同じ先生であっても、ある案件については伝わったのに、別の案件では伝わらなかったといったこともあるということです。

それは、私の伝え方が悪かったのかもしれないし、伝えるタイミングを誤ったのかもしれません。その先生のもつ常識と食い違っていて受け入れがたいといった場合もあるでしょう。先生方一人一人の得意・不得意や好き・嫌いにも左右されるはずです。いままでやったことのない案件であっても、自分の興味のあることや共感できることであれば、割とすんなり受け入れてくれるものですから。

いずれにしても、最終的に先生方の賛同を得られれば万々歳なのですが、「それでよし」とはしません。先生方の心に染みこむように（繰り言だと受け取られない範囲で）事あるごとにくりかえし、くりかえし伝えるようにします。これは、管理職に限らず自分の意図を浸透させる秘訣の一つだと思います。

どれほど伝わったかは、物事が動きはじめてからだんだんと見えてきます。「おっ、これはちゃんと伝わっていそうだなぁ」と。

そもそも、一度の指示で完璧に遂行できる人はまずいません。多くの人たちは、「これってどういうことだっけ?」と周囲に聞いてみたり、「えっ、そんな話があったの? 自分は聞いたかなぁ」などとぼやいたりしながら情報を確認し合い、少しずつ、しかも不揃いに動き出すものなのです。だからこそ、くりかえし伝えることが大事なのです。

2 ある時を境にして、先生方の意識を一斉に変えることはだれにもできない

働き方改革が求められるようになる前のことです。

職員会議をはじめとして、諸会議の場で先生方の意見が割れたとしても、「子どものためになることだから」という一言で話がまとまることが数多くありました。こうしたことは、結束力が高まるなどのよい影響がある裏で、弊害もたくさんあったように思います。「子どものため」という言葉は、いわば伝家の宝刀です。ひとたび抜きどころを間違えれば、どんな反論も許されなくするという不当な同調圧力になり得るからです。

なぜ、そうなるのか。

教師の意識には大きな温度差があるからです。

学校には、心から「子どものため」を思う先生方がいます。彼らは総じて、手間暇を惜しまず、努力を努力とは思わないすばらしい資質をもっています。喩えれば、「私たちはね、お客さんの喜ぶ顔を見たくて、毎日鍋を振ってるんだ」と公言してはばからない、町中華のおっちゃんやおばちゃんみたいな教師です。見識と力量が高く、校内研究を牽引するうえでも欠かせない、学校の中心的な存在でもあります。

ここに、教師の世界のジレンマがあります。

高い志をもつ先生ほど、管理職がどれだけ会議を精選し、教育課程をリフォームしようとも、「子どもたちのために満足ゆくまで仕事をしたい」と考えます。このとき、そうした教師の心情のほうを尊重してしまえば、働き方改革は頓挫してしまうでしょう。いま、学校の先生のなり手がいない状況も、こうした教師らしい親心が生み出した負の遺産だとも言えるのです。

他方、そこまで仕事に打ち込む気はなく、「文句を言われない程度にはやる」と割り切っている教師もいます。子育てに奔走し、家族の介護に追われ、仕事に時間をかけたくてもできない教師だっています。他の業界でもそうであるように、仕事に対する思いや事情は本当にそれぞれです。

ここに、（第1章でも取り上げた）労務管理の重要性があります。**これからの学校経営においては、志や力量が高かろうとそうでなかろうと、心情によってではなく、時間によって仕事を区切ることが欠かせない**のです。そのためには、先生方一人一人の意識を変えるほかありません。

しかし、右に挙げたように、一口に教師といっても本当に多様です。十把一絡げで一斉に意識を変えることなどできません。時間をかけてじっくり取り組む以外にないのです。

そこで、先生方が、自分にとってよいタイミングで、それぞれちょっとずつ変わっていけるような個別のかかわりが、リーダーには必要なのだと思います。言うなれば、先生方に対する個に応じた指導ですよね。

3　「ちゃんと伝えたはずだ」が口癖な人は、「伝える努力」をしていないことに気づいていない

前述した「そのことなら、前に教えたよね？」と同じように、私たちを意気消沈させる言葉があります。それは、「ちゃんと伝えたはずだ」です。そう口にする人は、たいてい腹を立てています。

若いころは気づかなかったのですが、そうした言葉を口にする方の多くは、「伝える努

力」を怠っているのです。実を言うと、これもまた子どもとのかかわりと同じです。「子どもたちにはちゃんと伝えてるんです。それなのに忘れ物が多くて…」

こんな言葉を耳にしたとき、読者のみなさんは、それがどういうことかピンときますよね。〝それって、子どもにわかるように伝えていなかっただけなんじゃない？〟と。

もし忘れ物が多い理由を子どもの側に求めるばかりでは、忘れ物がなくなることはないでしょうし、子どもとの信頼関係を築くこともできません。そればかりか、学級が崩れてしまう引き金になることもあります。

もちろん、子どもと大人とを一緒くたにすることには無理があるでしょう。しかし、子どもと大人では伝え方（配慮の仕方）が違うというだけで、相手の理解を得るという点では、両者とも本質的には変わらないと思うのです。

私自身、子どもたちに自分の意図が伝わらないことも数多く経験してきましたが、それは「伝える技術」が低かったのが原因です。だったら、どのように伝えたら私の言葉が子どもたちの心に届くのかを考える以外にないのだと思います。

どのような職業であろうと、自分の考えを相手に伝えるという行為がなければ、仕事は成立しません。予定を伝える、会議で自分の考えを述べる、なにか事があれば報告するなど、数えあげたら枚挙にいとまがありません。

教頭時代であれば、校長先生の意を体して先生方に伝えなければならないことがたくさんあります。しかし、思うように伝わらないこともしばしば。そこで、相手に嫌がられないよう言葉に気をつけながら、くりかえし「現在、あの件についてはどんな案配ですか？」と尋ねるようにしていました。

私の話の内容や意図が伝わっていなければ、「それって、どういうことでしたっけ？」と聞き返されるので、辛抱強く丁寧に説明するように努めていました。どのようなときにも、「ちゃんと伝えたはずだ」とは口にしないようにしています。

4　伝えつづけていると、より筋の通った話になる

「クドクドしい繰り言にならないように気をつけてさえいれば」という条件つきですが、何度も伝えつづけることには次の利点があります。

● 回数を重ねるごとに、より端的に伝えようとするので、余計な贅肉がそぎ落とされて話の筋がシンプルになり、伝わりやすくなる。
● 対話を繰り返すことになるので、相手ともより親密になり、相手の受け止め方を理解しやすくなる。

●相手に届く伝え方を吟味できる。

これもまた、授業と同じです。

「学年専科授業」の項でも取り上げましたが、同じ内容の授業を何度もできると、1回目より2回目のほうがいい授業になるし、3回目だとさらにいい感じになります。

「どのような問いであれば、子どもたちが主体的に学ぼうとするのか」

「どんな指示であれば、子どもたちは動きやすいのか」

こうしたことが精査され、子どもたちにも伝わりやすくなるのでしょう。

実際に授業を担当していた先生方もそう言っていましたから、間違いなくそうなのだと思います。

ただそうは言っても、1回で伝わるに越したことはないですよね。

10年も前に出版された『伝え方が9割』（ダイヤモンド社、2013年）という書籍が、いまもなおロングセラーをつづけているそうですが、「伝え方」の重要性は、古今東西変わらない普遍的な価値をもっているのでしょう。

耳から入った情報は抜けがちです。つい忘れてしまったり、そもそも覚えられなかったりします。少なくとも、私はそうです。

そこで私の場合には、耳から入った情報は必ず視覚情報に変換するようにしています。つまり、「書くこと」です。そのように視覚情報が追加されることによって、記憶に残りやすくなるだけでなく、いったんは忘れても思い出す材料になります。こうしたことがあって、若いころから「書くことは、質より量」という考えをもつようになりました。そのような意味で私は、典型的な「見てわかる人」です。

教頭時代に書いていた日報は、毎日A４で2、３枚、多いときには6枚くらい書いていました。先生方からなにか報告があればいったんメモした後で、時系列に並び替えながら事の経緯を整理していました。こうした文章を記録として月ごとに管理しておけば、自分がなにか失念することがあったとしても、割とすぐにリカバリーできます。

そんな私とは対照的に、「言葉が入る人」もいます。視覚情報よりも聴覚情報のほうが記憶に残りやすい人です。

私は専門家ではないので、詳しく正確に説明することはできないのですが、こうした傾向は「認知特性」と呼び、およそ次のように分けられるそうです。

A　視覚優位
①カメラタイプ：写真のように、2次元で捉え思考するタイプ
②3Dタイプ：空間や時間軸を使って考えるタイプ

B　言語優位
③ファンタジータイプ：読んだり聞いたりした内容を映像化して思考するタイプ
④辞書タイプ：読んだ文字や文章をそのまま言葉で思考するタイプ

C　聴覚優位
⑤ラジオタイプ：文字や文章を「音」として耳から入れ情報処理するタイプ
⑥サウンドタイプ：音色や音階といった音楽的イメージを理解・処理できるタイプ

（本田真美著『医師のつくった「頭のよさ」テスト』光文社、2012年）

この分類に立脚するならば、私はさしずめ「⑤が弱く、④が強い」といったところでしょうか。

この認知特性は、職業特性とは（ある程度の相関はあるかもしれませんが、基本的に）別個のものですから、学校という職場においても「教職員がどのような認知特性をもっているか」はさまざまだと思います。

こうしたことから、職員会議をはじめとする諸会議の場で先生方に伝えるべきことがあれば、文書を配布するだけでなく、要点を口頭で伝えたり、校務支援ソフト（たとえばメッセージツール）を使ったり、図解したりするなどして、文字や音、図や映像などを交えながら視覚や聴覚に訴える「伝え方」に努めています。

いずれにせよ、どのような伝え方であれば伝わりやすいのかは、勤務校に所属する先生方の特性によるでしょうし、ご自身がどのような特性をもっているかに対して無自覚なこともあると思います。そこで、次の点についてアンケートをとるのもよいかもしれません。

●わかりやすかったか、どのような点がわかりやすかったか。
●わかりにくかったか、どのような点がわかりにくかったか。

なかには、どんなに伝え方を工夫しても伝わらないことだってあります。といいますか、伝わらないことのほうが多いかもしれません。しかし、そんなときであっても、「伝えたはずだ」と口にしてしまえば、元の木阿弥です。（しつこいようですが）タイミングを見計らって粘り強く伝えつづけることが、本当に大切なのだと思います。

第3章

ちょっとやそっとじゃ揺らがない関係性を先生方とつくる

学校経営への参画意識

第1章でも触れましたが、ここでもう一度、リーダーシップについて軽く触れておきたいと思います。

一般に、ざっくり次の2つのタイプが挙げられることが多いと思います。

【Aタイプ】 リーダーが先頭に立ち、積極的に指導性を発揮して先生方を引っ張っていくタイプ

【Bタイプ】 リーダーは後方で構え、可能な限り先生方に仕事を任せるタイプ

どちらが正解ということはありません。基本的には、リーダーご自身の考え方に基づいて選択すればよいことだと思います。

ただ、（よく言われることですが）前者の傾向が強すぎると、「うちのリーダーはワンマンだよねー」などとささやかれます。逆に後者の傾向が強すぎると、「実は、優柔不断なだけだったりして」などと揶揄されることもあります。

それに対して私はというと、正直に言えばAタイプでもありBタイプでもあるという、

分類しにくいタイプなんじゃないかと思います。あえて先生方の前面に出ることもありますが、後方で構えることもあるからです。

要は解決すべき課題の内容や状況次第。そのため、先生方の私を見る目も、Aタイプだと感じている先生方もいれば、Bタイプだと感じている先生方もいるはずです。つまり、私にとってこの手のタイプ分けは、リーダーとしての自分の適性を表すものというよりも、周囲の先生方が私をどう受け止めるかという話だと考えているわけです。

そもそも、自らのリーダーシップを標榜される方は、（前に出るにしても後ろで構えるにしても）〝リーダーシップあってこその学校経営だ〟という自負をもっているのだと思います。そのような意味では、どちらのタイプも本質的には変わらないのではないでしょうか。

もちろん、私自身もリーダーシップそのものは必要だと考えています。異なることがあるとすれば、「AとB、どちらのタイプもリーダーシップそのものを言い表していると いうより、リーダーシップを行使するための便法なんじゃないかなぁ」などと考えている点にあります。

実際、コロナ禍のような有事であれば、校長が先頭に立って先生方を引っ張っていくことが求められることが多いでしょう。局面が刻一刻と変化していくわけですから、スピード感をもって即断即決しなければ、学校が立ちゆかなくなってしまうと考える方は多いと思います。うまく切り盛りできれば、先生方からの信頼も厚くなるでしょう。

しかし、いいことばかりではありません。校長がなんでも決めてしまうことになるので、先生方が主体的に考え、アイディアを出すチャンスはほとんどなくなります。それだけならまだよいのですが、場合によっては、些細なことであっても校長に異を唱えることさえむずかしくなるかもしれません。

もしそうであれば、危機が去り、平時に戻った途端に校長への先生方の信頼は不満に変わります。あるいは、先生方が自分の頭でものを考えることをやめてしまっているかもしれません。

そのように思う私が重視しているのは、(平時であろうと有事であろうとかかわりなく)先生方の参画意識が高い集団づくりです。学級経営と同じです。多様な子どもたちがいるなかで、どの子も学習に参加しようと思える学級をつくるのと同じように、学校経営のあり方を考えているわけです。

つまり、どのような局面であっても、「自分たちが考えたことが学校経営に反映されている、価値があるんだ」と先生方に思ってもらえるようにしたいのです。そうできれば、オフィシャルな場でも自分の考えをフラットに表明し合える集団になっていきます。

どのような仕事も、最終的に責任をとるのは校長ですから、「私の仕事は責任を負うことです」と先生方に伝えつつ、有事の際にも先生方が思考停止することなく、自由な発想で考え、それぞれの立場から学校経営に参画できるようにすることが、本当に大事だと思います。

1 学年主任会を生かす

最初に紹介するのは、新型コロナウイルス感染症の感染拡大期においても先生方の参画意識を高め、自分たちが学校の運営に携わっていると実感できるようにするために行った取組です。

とくに学年主任が一堂に会する場では、たくさん意見を求めていたのですが、その際に必ず伝えていたことがあります。

- Aという案件について学校としてどうするか、判断するための材料がほしい。そのために自分ならどう考えるかを話してほしい。
- いま私はBという方向で取組を進めようと考えているが、先生方の目からそのように進めた場合の「よいこと」「悪いこと」「期待できること」「懸念されること」を、思いつきでかまわないのでざっくばらんに話をしてほしい。

●先生方の考えを聞いたうえで、最終的な判断を下す。

先生方の意見をもらううえで、学年主任会を大事にするのには、次の理由があります。

●自分たちが学校運営に主体的に携わっているという参画意識を高められる。

●自分が学年のリーダーであるという自覚を高め、学年全体はもとより、ときには学校全体を俯瞰して物事をみるという経験を積ませることができる。

右に挙げた積み重ねが、学校のもつ力を底上げしてくれます。

こうした考えをもつに至ったのは、私自身の経験によるところが大きいと思います。たとえば中学校であれば、卒業生を出したら次の年度は新1年生を受けもつといったように学年単位でもちあがっていくので、一つの組織として機能しやすいという利点があるでしょう。それに対して小学校は、ある年度は2年生で次の年度は6年生を受けもつ、あるいは高学年ばかり受けもつなど、担当する学年が偏ります。

こうしたことは、子どもの発達段階に大きな開きがある小学校ならではの方策であり、利のあることです。しかしそれがために、学年主任が「自分は学年のリーダーである」

といった自覚、「自分の学年に責任をもつ」といった意識をもちにくくさせます。
大規模校であってもそうです。まして単学級や複式学級の学校であれば、なおさらそうでしょう。しかし、規模の大小にかかわらず、学年主任の自覚と意識がいかに学校経営に寄与するか、私は身をもって知っています。

私がはじめて学年主任になったのは、1学年5学級、1000人近い子どもが在籍するたいへん大きな学校で、ちまたでは、「学年主任が強い学校だ」と言われていました。

この「強い」とは、管理職の言うことを聞かず好き勝手にやっているという意味ではありません。若い教師が多いなか、学級経営、日々の学習、行事の指導、保護者対応など、教育活動のすべてにおいて「自分の学年に責任をもつ」という気概の強さを言い表したものです。

自分が専門とする教科等への力量の高い教師が集まった学校で、それぞれの個性も際立っていました。そんな学年主任が揃っていたこともあって、自分が帰属する学年に対する責任感は強く、お互いに誇りをもっていました。そのため、保護者対応一つとっても、まずは学年主任が対応するといった調子でした。

その学校の学年主任会では、各学年のことだけでなく、学校全体の方向性についてもよく話し合っていました。「本校の学校風土をどうつくっていくか」「子どもたちをどう育てるか」といった、具体論というよりもむしろ思いや願いみたいな語りです。

しかしいまこうして思い返してみると、こうした語り合いが「学校をよりよくするのは自分たちだ」という意識を培ってくれたと思うし、「学校全体を俯瞰して見る」というトレーニングにもなっていたように思います。

加えて、当時の校長先生が私たちのふるまいをよしとしてくれていたことも大きかったと思います。いずれの学年主任も30代の先生方です。その年代に特有の無敵感があって、ずいぶんと生意気だったはずなのですが、そうした言動さえもおもしろがってくれているふうでした。そのおかげだったと思うし、この学校での経験が、学校経営に携わるいまの私の根幹にあるのです。

2　今度は自分の番ですから

一般論としては「校長の示す学校教育目標や経営の重点を理解し、どうすれば具現化できるのかについて教職員それぞれが取り組む」などと言われます。とても大切なことです。

しかし、「具体的になにをどうすればそうできるのか」については、実際に経験してみないことにはわからないものです。だからこそ、たとえ有事の際であっても、あるいは若い先生ばかりであっても、学校経営に参画できる道をつくり、学年主任の意識を高めることが欠かせないと思うのです。

さて、いざ校長になった私は、かつての経験を生かしながら先生方と接していたところ、うれしい出来事がいくつも耳に入ってくるようになりました。

次に紹介するのは、その一つです。

ある若い先生が職員室で電話をしています。保護者からの連絡に対応しているようです。その脇には学年主任のA先生が寄り添っています。別に近くにいたからといって、保護者対応がスムーズになるわけではありません。しかし、そうしてもらえるだけでも、若い先生にとっては心強いものです。

その様子を見ていた教頭先生が後日、A先生にねぎらいの言葉をかけたところ、「今度は自分の番ですから」と答えたそうです。

実はA先生、保護者からの理不尽な突き上げを受けて、昨年度にたいへん苦しい思いをしていた教師でした。

といっても、根は実直で、子どもたちのことを大切にする教師です。周囲の先生方も、忙しいときには黙って手伝ってくれる先生であることを知っています。しかしながら、表情豊かに、しかもにこやかに、明るい雰囲気を出すようなタイプではありません。ちょっとぶっきらぼうに見えてしまうこともあるのでしょう。子どもや保護者から誤解を受けやすいタイプだったのかもしれません。

そうした、いつもの調子が裏目に出てしまう出来事が起きました。あるとき発した言葉がきっかけで、「うちの子が、先生が怖くて学校に行きたくないと言っている」「子どもへの配慮が足りないのではないか」という声が保護者から上がるようになったのです。

しかし、子どもを傷つけるような暴言を吐いたわけではありません。言葉の内容そのものは穏当なものです。要するに、言葉の一部分のみを切り取り、その教師の意図とはかけ離れた拡大解釈をされたということです。

報告を受けた私も、腹に据えかねる思いをしたくらいですから、当人にとってはたいへん苦しかったはずです。それでも彼は自分自身の問題であると受け止め、自分に欠けている表情や言葉遣いなどを改善しようとしていました。

そのうち、教室でも柔らかい表情が増え、笑顔でいようとしている様子がうかがえました。その姿を目の当たりにした私は、「先生が努力していることがうかがえますよ」と伝えてみました。すると彼は、「そうっすかぁ？　どうなんすかねぇ」とポツリとつぶやくだけ。

〝う～ん、そういうところは相変わらずぶっきらぼうだなぁ〟などとも思いましたが、シャイな彼のことです。不意に自分の変化を指摘され、気恥ずかしかったのかもしれません。

さて、そんな彼に手を差し伸べつづけたのが、その年度の学年主任を務めていたB先生でした。

B先生は、なにごとも先頭に立って対応してくれる学年主任です。問題が起きたら、自分のクラスでなくても丁寧に対応します。子どもの救急搬送が必要になったときもいち早く駆けつけて状況を見取り、事後に詳細な記録を作成してくれました。お礼を言うと「危機のときには一人でも人が多いほうがいいと思うし、私もいままでずいぶんと助けてもらったので」と言います。

A先生もまた、「B先生が私に寄り添い、助けてくれたからがんばれた」と言います。だからこそ、「今度は自分の番ですから」という言葉となって表れたのでしょう。

思うようにいかない自分、ふがいなく思う自分に手を差し伸べてくれる学年主任がいれば、〝い﹅つ﹅か﹅は自分も同じように振る舞いたい〟と思うようになるのだと思います。そのようにして、学校経営に参画しようとする職員文化が形成されていくのだと思います。「教師としての自分はどうあるべきか」の先にある「この学校はどうあってほしいか」を見いだそうとする素地となるからです。

右に挙げたのは、ほんの一例です。

「授業の合間に落ち着かない子どもの様子を見にきてくれて、なにかあれば無線で職員室に連絡してくれます」

「じっとしていられずに教室を出てしまう子どもの様子を何気なく見てくれています」

「階も違う学年の子どものことなのに、様子を気にしてくれています。すごくないですか？」

放課後の職員室で、こうした声がたくさん聞かれるようになります。

その話しぶりから、当の学年主任たちも「自分たちが学校を強くしていくんだ」という意識を高めていることがうかがえます。現在も学年主任会を定期的に行い、学校の課題について解決策を話し合ってくれています。

ちなみに、学年主任会にはチーフ（とりまとめ役）がいるのですが、あるときその彼女が次のように言い出しました。

「校長先生、学年主任会がおもしろいんです」

〝ほう〟と私は思い、「なにがそんなにおもしろいの？」と尋ねてみたところ、次のように答えてくれました。

「人の考え方って本当にいろいろで、主任会のたびに新しい気づきがあるんです。それがおもしろいんですよ」

どんなにすばらしいと称されている取組であっても、取り入れられないこともあります。一生懸命考えるほどに見方が一面的になってしまうこともあるでしょう。そのようなとき、校長や教頭（副校長）、教務主任が指導するよりも、身近なリーダーである学年主任がかかわってくれるほうがうまくいくことは多いのです。しかも、そのたびに職員間の風通しがよくなるのですから、いいこと尽くめです。

3　先生方の連携を強固にする無線機活用

本校の教職員は全員、軽量コンパクトな「デジタル簡易無線機」を着用しています（要人警護のためにSPが使用しているような無線機です）。

主に、次の状況下で活躍します。

- ●登校してきていない子どもの確認
- ●気になる子どもの保護者からの連絡内容の確認
- ●保健室に子どもを向かわせる際の連絡
- ●職員室、担任外にヘルプを求める際の連絡

●各種行事（運動会、遠足、修学旅行、スキー学習など）での連携
●緊急時の連絡　など

無線機を活用するに当たっては、すべての先生方が使うべき状況を把握しておかなければなりません。そこで毎年4月になると、次のように共通理解を図っています。

[無線機使用に当たって] 全員が携帯していることで効力を発揮するものだということを意識する。どんなときにも着用しなければならないわけではないが、以下のときには着用する。

●朝の欠席確認時連絡がついていない子がいる間
●子どもを保健室に向かわせた、職員室等になにかのお願いなどを行ったときなど、その後「折り返しの無線」が入ることを予測できる場合
・保健室からは、子どもの様子や保護者との連絡状況、帰り支度などの指示が入ります。保護者が迎えに来たときなどは職員室から連絡を入れます。
●職員室にヘルプを求める場合
・落ち着かない子どもが教室を飛び出した。給食時のトラブル（食器を割った、数が足りない、アレルギーのある子どもの対応、確認）などは、子どもの命を守ることにも直結します。

●いきしぶりの子どもに対して玄関で対応している場合
●職員室からヘルプに向かったり、代わりに教室に入ったりする場合
●入学式、運動会、就学時健診、一日入学、卒業式、避難訓練などの行事等
●校外学習時
・修学旅行、滝野宿泊学習、校外学習、集団下校時など、校外に出るときは必ず着用します（携帯電話も携帯）。
・修学旅行では、バス間同士の連絡も可能です。滝野宿泊学習では青少年山の家の館内はもちろん、ハイキングコースもほぼ網羅できます（札幌市の青少年山の家から大型無線機を借りることもできますが、簡易無線機があれば必要ありません）。
・藻岩山スキー場の北斜面はすべて網羅でき、観光道路コースで中継すれば全山使用可能です。また、第3リフトの上からの無線は学校にも入ります（スキー場から学校までの距離は約5㎞）。
・学校近辺では、電波の調子がいいときは中島公園まで。電車通りまでは通常届きます。
●緊急時などその他必要な場合
・校内放送で無線の着用の指示があれば着用します。
・これまでの取組では、子どもを救急搬送する際など、他の子どもたちに聞かせることなく、

教職員一斉に情報を伝達することができます。
・ほかにも「AED（自動体外式除細動器）をもってきてほしい」といった、子どもには聞かせたくない緊急要請の際にも役立ちます。

実は、校内のさまざまな場面で無線機を活用するようになったのは、新米教頭として赴任した学校でのことです。ただし、当時の無線機は特定小電力のトランシーバーで出力が足りず、校内でも電波が届かないこともありました。そこで次の異動先の学校で導入したのが、（現在もフル活用している）高出力の「デジタル簡易無線機」です（資料1）。ただしこれは、以前よりも強力であるものの、無線局への許可申請が必要な機種でした。そのため、全職員分を一気にそろえることはあきらめ、最初の年には職員室と各学年に1台ずつ配置し、その後3年くらいかけて全教職員が着用できるようにしました。

校長として赴任した学校でも、同様の無線機はすでにあったのですが5台だけで、しかもほとんど使われていませんでした。そこで当初は、〝各学年に1台配置からはじめようかなぁ〟と考えていたのですが、コロナ禍に関連する予算を使えることがわかり、揃えるだけ揃えました。

さらに、無線機を活用するに当たっては、「子どもの命を守る、安全・安心につながる

資料1　職員室での無線機活用の様子

設備投資である」ことを説明してPTAの理解を得て、若干の台数を負担してもらうこともできました。こうして全職員が着用できる環境が整ったわけです。

もちろん、先生方への周知も念入りに行っています。教務主任や担任をもっていない先生には私の前任校に出張してもらい、朝の一番使用頻度が高い時間帯に、先生方がどのように無線機を使っているのかを実際に見てもらい、その様子を勤務校の先生方に伝えてもらいました。無線機活用が当たり前になってい た私が説明するよりも、はるかに効果的だからです。実際、出張先で自分たちが見た光景のインパクトは非常に大きかったらしく、熱弁を振るってくれました。

はじめのうちは、無線機を着用することに抵抗感をもつ先生もいましたが、いざ実際に使いはじめると、〝これはすごいぞ！めちゃくちゃ便利だ〟ということに気づいてくれたらしく、学期末ごろにはすっかり使いこなせるようになっていました。

＊

無線機を活用していなかったころは、不審者を想定した職員の避難誘導訓練などを行う際、「赤階段のワックスがけをするので、通らないようにしましょう」などと暗号めいた校内放送を行っていましたが、そうした必要も一切なくなりました。各種行事の際にも、なにかトラブルが発生したときにも、全員が瞬時に状況を把握できるのできわめて効果的です。

また、保護者からこんな連絡が学校に入ってきたときにも活躍します。「叱ったら、うちの子が家を飛び出した」と。

本校の場合には、夜よりも朝が多いのが特徴的な連絡です。ここ2年間で7件ありましたが、無線機を活用することで5件は学校側で発見・確保できています。学校側だけで対応できなかったのは、夜中に起きた事例と、バスに乗って他都市まで行ってしまった事例の2件だけでした。

ひとたびこの無線機の利便性を知ってしまうと、どの先生も手放せなくなるようです。異動が決まった先生から「無線機なしで次の学校でもやっていけるかなぁ…」といった不安の声があがるくらいですから。

4　枚数を増やす

学校においてなにかしら危機的状況が発生した際、適切に対応する方策の一つとして挙げたいのが、この「枚数を増やす」です。

どの学校においても、なにか問題が起きたら教頭ないしは副校長に連絡・相談していると思います。このラインに複数の教職員を関与させるというのが、「枚数を増やす」取組です。

たとえば、学級担任のもとに保護者から苦情の電話がかかってきたのだけど、その場での対応では相手の納得を得られなかったとします。その後、すぐさま教頭に相談したならば、その相談ラインに関与したのは学級担任1人ということになります。

それ自体が悪いわけではないのですが、解決の目処が立っていない問題がそのまま教頭にもち込まれることになるので、教頭一人がゼロベースで解決の道筋を考えなければならなくなります。

当然、どの案件に関しても教頭が矢面に立たなければならなくなるし、案件が多くなるほどに思わぬミスを犯しかねません。それでは危なっかしいと言えるでしょう。

それに対して、次のようなラインが築かれていたとしたらどうでしょう。

①　自分限りでは対応がむずかしいと判断された案件については、まず学年主任に相談する。
②　学年主任が当事者であれば、他学年の学年主任に相談する。
③　案件によっては教務主任にも相談をもちかける。
④　その過程で問題点を整理して解決の道筋をつけるとともに、教頭や校長にも事の推移を報告したうえで、相手方にアプローチする（解決に至れば教頭に報告し、教頭は校長に報告する）。
⑤　④の対応を行っても解決に至らなかった場合には教頭に相談する。教頭も矢面に立って対応し、解決に至れば校長に報告する。
⑥　⑤の対応を行っても解決に至らなかった場合には校長に相談する。

このように相談ライン上の枚数を増やしておければ、案件が教頭に一極集中してしまうという状況を回避（無用なミスを防止）できます。また、そればかりでなく、たとえ教頭が矢面に立つ必要がある場合にも、④の時点でおよそ問題点の整理ができているので、解決の道筋をつけやすく、迅速に対応に当たれるようになります（その結果、解決に向かう確度が上がります）。

さらに、相手方にしても、校内の先生方が問題意識をもって自分の案件に尽力していることが伝われば、安心感や信頼感をもってもらいやすくなります。

ただし、どのような案件に対しても、杓子定規に右に挙げたラインどおりにすればよいわけではありません。問題が起きたらすぐさま教頭→校長へと情報を上げ、即断即決で対応しなければ、解決への道が閉ざされてしまう案件もあるからです。

ただ、そのようなケースは、けっして多くはありません。かりにそうした案件だったとしても、平素から右に挙げたラインで問題解決を図る経験を積んでおくことによって、〝これは、私たちの手に負えるものではないぞ〟と即座に判断し、必要な情報が迅速に管理職に伝わるようになります。

実を言うと、普段から「学級担任→教頭」という直ラインだと、教頭は諸対応に追われていることが多く、声をかけるタイミングを逸してしまい、貴重な時間を無為にしてしまうことがあります。学級担任本人が一人で問題を抱え込んでしまうこともあるでしょう。

なぜなら、そうした学校では往々にして、（先生方同士、平時であれば友好的にやりとりできていても）ひとたび危機に直面した途端によそよそしくなってしまうことがあるからです。これは、問題が深刻であればあるほどに顕著で、管理職への情報共有もスピードダウンします。

いずれにしても、**学年主任が自分の学年に責任をもって対応しようとしてくれている**

学校は危機に強いということは、間違いなく言えると思います。

5　先生方の「納得」は、管理職による検討の整理次第

ここまで、学校経営に対する学年主任の参画意識を高める諸施策を紹介してきましたが、それと並行して重視していることがあります。それは、彼らが日々考えていることをいかにして学校経営に反映するかです。

本校の学年主任は特別支援級の主任も含め7人いますが、本当に七者七様で、それぞれの視点から忌憚なく意見をくれます。そのおかげで、(本章の冒頭でも触れましたが)「学校全体」という視点と、「自分の学年」という視点の双方から、「よいこと」「悪いこと」「期待できること」「懸念されること」を挙げてもらえています。

このうち、私がとくに重視しているのが、「懸念されること」です。それら懸念点を払拭できれば、本校の教育活動の充実につながるからです。即効性も高いことから、「学年主任が懸念していることを払拭する」という視点から、経営方針や教育計画を立案・改善するようにしているのです。

とはいえ、先生方からたくさんの意見や要望があると、戸惑ってしまうこともあるでしょう。自分の経営方針や方策に反対する声が上がるのではないかと、二の足を踏んで

しまうこともあるかもしれません。

しかし、管理職に賛同する声ばかり聞いていても、よくて現状維持です。それでは、従来の考え方が通用しなくなった途端に行き詰まってしまうでしょう。少なくとも、新しい発想が生まれることはありません。

そんな学校はつまらないと思うし、少なくとも私は息が詰まってしまいます。「賛否両論はウェルカム！」できるだけたくさんの意見をもらって学校経営の判断材料にしたいのです。

他方、諸会議や校内研修といったフォーマルな場で意見を求めても、一部の先生しか発言してくれないといった悩みを聞くこともあります。そうなってしまうのは、「おかしなことを言ったらどうしよう」「非難がましいことを言われるのは嫌だ」「なにか責任をおしつけられるんじゃないか」といった不安感からです。

学級の子どもたちと同じですね。休み時間は活発に活動していたのに、授業になった途端にこの静けさ…。

要は、フォーマルな場だろうとインフォーマルな場だろうと、〝自分が考えたことはなんだって言っていいんだ〟という安心感さえあればいいのです。

そもそも私たち教師は、話したがり屋です。

「先生の授業ってすごく個性的ですね。どんなふうに授業をつくってるんですか？」などと、自分の取組に関心を向けてくれた相手には、つい話しすぎてしまうくらいです。単純にうれしいからであり、「教えてください」と問われれば教えたくなるのが、私たち教育者です。

このように考えれば日々、先生方の声を管理職がおもしろがってさえいれば、いろいろなことを話してくれるようになると思います。加えて、一つのテーマについて語り合っていても、先生方の置かれた立場や役割によって、意見の切り口がまったく異なるのもまたおもしろい。

1年生を受けもつ先生に見えていることと、6年生を受けもつ先生に見えていることは大きく異なります。小学校ほど子どもの発達の差が大きい場はないからです。そのため、それぞれの立場から導き出される要望も、まったく異なる視点に基づきます。

先生方の普段のスタンスによっても異なるでしょう。さらにいえば、教職年数の違いもあるし、独身の先生と小学生の子をもつ先生とでも視点は異なるはずです。このように考えれば、いろいろな意見がないわけがないのです。さまざまな意見があることを前提として方策を考えることが、働きやすい職場にする近道だと思います。

とはいえ、安易に「みんな違って、みんないい」などと言いたいわけではありません。

私たちは、それぞれに異なる意見を集約し、学校を少しでもよくする解を見つけていかなければならないからです。

それに、立場などによって多様な視点があるといっても、「学校のために自分はなにができるか、なにをしたいか」という思いをもっている学年主任が揃っていれば、視野を広げてアイディアを出してくれます。そのため、方向性が大きくズレることはありあ りません。こうしたことが職員文化として根づいていれば、先生方の懸念点を払拭する取組を立案または改善しやすくなります。

ここでも、リーダーによる整理です。

先生方から上がってきた各種の懸念点を複合的に組み合わせ、実現可能性が高そうな方策に整理し、Ａa案とかＡＡb案といった感じで提示するという整理です（管理職が考えたA案とB案のどちらかを選ばせるといった方法はとりません。それでは、先生方の意見を聞いているようでいて、実はなにも聞いていないからです。なにしろ、A案にもB案にも管理職の意見しか反映されていませんから）。

このような方法であれば、たとえ自分の意見が反映されていなかったとしても、〝ちゃんと検討はしてくれたんだな〟と受け止めてくれます。この受け止めがきわめて重要です。

なぜなら、もし〝促されたから、勇気を出して自分の意見を言ったのに、ちっとも生かされていないじゃないか〟などと受け止められてしまったら、先生方の士気を低下させてしまうだけだからです。意見を言おうとするインセンティブも失われ、意見交流そのものが停滞します。

これもまた授業と同じです。〝ぼくたちがせっかく発言したのに、結局先生がまとめるんだったら（自分たちの意見がなかったことにされるなら）、発言する意味なんてなくない？〟そう子どもたちが受け止めたとしたら…。

どのような方策であっても、すべての意見を反映することはできません。自分たちが求めていたこととは真逆の方向に進むこともあるでしょう。しかし、〝少しは反映してくれたんだな〟とか、〝反映はされなかったけど、自分の意見もちゃんと検討してくれたんだな〟と受け止めてもらえれば、それなりの納得が生まれるのです。

〝それならば仕方がない。いっちょがんばるか〟といった納得です。

組織づくりは石垣のパズル

3月はどの学校の校長先生たちも頭を悩ませる時期です。そう、次年度の校内人事です。私のようにキャリアが浅い新米校長にとってはなおさらです。

適材適所など言いますが、本当にむずかしい。どの先生にどの学年を受けもってもらうか、各種主任や各部長はだれに担ってもらうのが望ましいか、人材育成のための若手登用をどうするかなど、さまざまな判断を迫られます。

このとき、気をつけていることがあります。それはまず真っ先に最も優秀な先生方を思い浮かべて役職に就け、次にミドルレベルの先生方の配置を考え、最後に課題のある先生方をどう割り振るかという順番で分掌することはしない、ということです。それでは、短期的には良配置に見えても、意欲的な先生とそうは思えない先生とに二分され、どこかに綻びが生じます。学校全体の教育力が向上するどころか、地盤沈下してしまう怖れさえあります。

そのように考える私が優先するのは、（個々の力量の優劣よりも）個性と関係性です。

「佐野先生、組織づくりはね、石垣のパズルと同じなんですよ」

そう教えてくれたのは、教頭時代に仕えていた当時の校長先生です。そのときはあまりピンとこなかったのですが、後にすばらしい至言だったことに気づきます。

ここで、少しだけ私の学級担任時代について触れたいと思います。

私は20年間もの間にいろいろな学級を担任してきましたが、学年で言うと実は低学年を受けもったことがありません。その代わり、高学年プロパーといいますか、5年生と6年生については交互に8年間連続でもちつづけていました。そんな私ですから、高学年なら〝どんとこい！〟と得意に思っていたくらいです。

そんな私でも、うちの息子や娘が幼いうちは〝低学年をもってみたいなぁ〟などと思ったこともあります。しかし、担任をもたなくなる時期になるころには、〝いま低学年をもったら、新しいことばかりで、なにもわからず苦労するんじゃないかなぁ〟などと思うようになっていました。正直なところ、務まる力量もなかったはずです。

そんな私とは対照的に、低学年ばかり担任してきた先生方も数多くいることでしょう。しかも、低学年については、どの学校にもスペシャリストと言うべき人材がいます。これまで私が勤めていた学校でも、入学当初、小学校に慣れていない新1年生がみるみる成長し、明るく、前向きな姿で学習できるようになっていく姿を幾度となく見てきました。一つ一つのことを丁寧に、しかも粘り強く接している様子を見るたびに感心してしまいます（校長になったいまも、校内を回るたびについ気になって、低学年スペシャリストの先生たちがどのように指導しているのかを観察しています）。

ほかにも、教科スペシャリストと呼ばれる先生方もいます。小学校は全科担任ですから、中学校や高校のような専門教科とは様相が異なるとは思いますが、研究教科と位置づけて研鑽を積んでいます。

また、そこまで至らなくても、指導していておもしろいと思える教科もあれば、内心〝授業をどうつくったらいいか、よくわからないんだよなぁ〟と思いながら指導している教科もあるでしょう。

さらに広げて考えれば、学校にはたとえば、こんな先生方がいるのではないでしょうか。

●理科の指導は苦手だけど、周囲を引っ張っていくことに秀でた先生
●板書は得意ではないけど、ＩＣＴ活用に関してはさまざまなアイディアをもっている先生
●口下手だけど、企画力に優れた先生
●授業には課題が多いけど、ちょっとした会話で周囲を和ませてくれる先生
●自分が前面に出るのは苦手だけど、フォロワーに徹することに長けた先生　などなど

このように一口に教師と言っても、本当にそれぞれ。得意なこともあれば苦手なこともあります。それなのにもし、授業力があるとかないとか、管理職の言うことを聞くとか聞かないとかといった一面的な尺度で測ってしまえば、管理職だけに都合のよい脆弱

な組織にしてしまうでしょう。

そうではなく、いくつかの「人を見る物差し」を手もとに置き、それらをもち換えながら、先生方一人一人の個性を把握し、得意なことは生かせる、苦手なところは補完し合える関係性を築けたとしたらどうでしょう。どれほどすばらしい組織になることか。私がお世話になった校長先生の言葉を借りれば、（得意・不得意のある）不揃いな石同士の凹凸が噛み合うことで、（均一に配置されたブロックなどよりも）より強固な石垣を組むことができると言えるでしょう。

だからこそ、普段から校内を回ってよく先生方の様子をよく見る、プライベートでの悩みごとも遠慮なく相談してもらえる雰囲気をつくるなどして、リーダーである私自身が先生方のことをよく知ることが大切なのです。

さらに言えば、（私一人が把握できることには限りがあるので）「校長先生、Ａ先生はＩＣＴの知識がすごいんですよ」とか、「Ｂ先生は目立たないけど、縁の下の力持ちですよね」といった先生方の声が、自然と私の耳に入ってくるようになれば、本当に最高だと思います。

自分の機嫌は自分でとる

ここまで先生方の多様性について語ってきましたが、それは管理職も同様です。本当にいろいろな管理職がいます。ただし、ここで取り上げる「いろいろ」とは、前述した個性ではなく、姿勢や態度です。

ある管理職は、いつも穏やかな表情を浮かべながら先生方と接しています。丁寧に先生方の話に耳を傾け、相手を急かすような話し方はしません。

ある管理職は、気心の知れた先生方との談笑の合間にも、「あの先生はだめだな。なんとかならないか」などと、しれっと言い出します。その言葉に迎合する先生もいれば、眉をひそめる先生もいます。

ある管理職は、頼りなさげで口数も少ないものの先生方のことがよく見えているようで、先生方のいいところを見つけてはなんでもない調子で伝えます。周囲の先生方はその管理職がシャイであることを知っています。

ある管理職は、いつも不機嫌そうにしています。気に入らない先生を校長室に呼びつけては怒鳴りつけることもあります。校長室から怒声が聞こえてくるたびに、ビクッとしてしまう先生方は少なくありません。

管理職といえども人間ですから、自分と相性のよい先生もいれば、どうにも合わない先生もいます。たのしい気分のときもあれば、イライラしてしまう気分のときもあるでしょう。本当にいろいろです。

ですが、個性とは違って、どのような姿勢や態度で先生方と接するかは、自分で決めることができます。そう考える私がずっと心に留めていることが、「上機嫌に過ごす」というものです。

問題らしい問題もない日なのに、空気がピンと張り詰めた職場で働きたいと思う人はいません。多かれ少なかれ、どんな先生も安心感をもって、〝この職場では自分も必要とされているし、大切にされている〟と感じながら働きたいと思っています。

「危機管理に際しては冷静に対応しなければリーダーの務めは果たせない」と口にする管理職がいます。「そうしなければ、先生方が不安になるからだ」と。全くもってそのとおりだと思います。

その一方で、こんなふうにも思います。そうしたことを声高に口にする管理職に限って、無用な瘴気を周囲に放っては、（知ってか知らずか）先生方を萎縮させます。そんな光景をこれまで見てきたし、私は絶対にそうしたくないのです。

管理職がいつも上機嫌であれば、職員室の空気を汚さずに済みます。トラブルが起きたときには真剣な表情で事に当たりますが、イライラをまき散らすような態度は慎みます。そうするだけでも、先生方が安心して過ごせるんじゃないかなぁと思うのです。

加えて、校長と教頭が仲よくしている、学級担任をもたない主幹教諭や専科指導教諭も、授業や子どもたちの様子について語り合う場にすっと入れる、そんな職場であれば、ちょっとしたことでも気兼ねなく相談し合えると思います。そして、そんな上機嫌で明るい職員室の雰囲気は、子どもたちにも伝播していきます。大人同士の和気あいあいとした様子は、子どもの気持ちも和らげるようです。

話は変わりますが、自宅のPCのデータを整理していたら、何年も前にSNSに投稿した新年の挨拶が出てきました。一部を抜粋して要約します。

あけましておめでとうございます。

少し遅ればせながら新年のご挨拶、2018年へ向けての雑感を。

振り返って見ると激動の2017年でした。

と書きはじめて、昨年を振り返ろうと思いましたが、そもそも、振り返ることが得意ではないことに気づきました…。

「あー大変だったなぁ」とか「すごいことだったなぁ」くらいしか思い浮かびません。

その時その時の物事を近視眼的にしか見えていなかったんだろうなぁと思います。


さて、昨年のはじめには「上機嫌にすごす」ことを目標に立てました。「機嫌がよい」でも、「ご機嫌」というのでもなく、「上機嫌にすごす」です。

「機嫌がよい」というと、どうしても「機嫌が悪い」ことも見え隠れします。

「ご機嫌」というと、あんまり考えていることが見えてきません。

それに比べて「上機嫌」は、意図的な振る舞いです。周囲によい影響を与えるイメージがありませんか？


でも、いざやってみようとすると、殊のほかむずかしいことだなぁと感じます。うまくいかないことも多くて、及第点には届かなかったなぁ。

そこで今年も引き続き「上機嫌にすごす」を目標に掲げたいと思います。


ところで、元旦の初詣でおみくじを引いたら、こんなことが書かれていました。

「暴走せずに謙虚に」

昨年、自分自身が意識してきたはずのことだったので、びっくり。まだまだ意識が足りていないのでしょうねぇ。


誠実に事に当たること。

上機嫌で職場にいること。

これを肝に銘じつつ、新しい年に向かいたいと思います。

今年もどうぞよろしくお願いします。

緊張をたのしむ・ピンチをたのしむ

第2章でも触れましたが、私はこれまでに92本の公開授業を行ってきました。はじめのうちは、緊張しすぎて思うような授業ができなかったのですが、50本目をすぎたころからでしょうか。だんだんと緊張感そのものをたのしめるようになった気がします。

このような「緊張をたのしむ心情」は子どもにとっても大切なことだと思います。

ある年の秋口、社連の全道大会で提案授業を行うことが決まっていました。そこで4

月当初、子どもたちに「9月に体育館でたくさんの先生方の前で授業することになってるんだよ」と伝えてみました。

するとみんな大喜び。おもちゃのマイクを3本つくり、スムーズに受け渡しをする練習までしていました。

当時の私の学級では、自分の意見を言いたい子を3人募り、順番に立って手づくりのマイクを手に発言します。その後、別の3人の子どもに入れ替わっていくスタイルです。話をする順番も、お互いに声をかけ合いながら話をする順番を決めていました。

「ぼくはいつも発表することが多いから3番目でいくね」

「Aちゃんは自分から発表することが少ないのに、がんばって立ったから一番に話をするといいよ」

一人が話し終えると、次の子が立つのですが、順番を誤って立ってしまう子もいます。そうしたときは、だれかしらがあたたかいまなざしをその子に向けます。それだけで、間違えた子も〝あっ、違った〟と気づいて座ります。

そんな子どもたちでしたから、マイクの受け渡し一つとっても本当に一生懸命で、公開授業当日をたのしみにしていました。

さて、いよいよ本番を迎える日がやってきます。

資料２　社連全道大会での提案授業の様子

補助の先生に連れられて体育館に入ってきた子どもたちは、相当驚いたようです。自分たちが向かう机の周囲をぐるりと取り囲むようにして、５００人もの参会者が、授業がはじまるのを待っていたからです（資料２）。

あのなかに自分たちが入っていくのかと思うと、大人だって足がすくみます。まして身体の小さな子どもたちです。恐怖心さえ覚えていた子もいたかもしれません。

その様子を遠巻きに見ていた私も、子どもたちが一瞬にして緊張感に包まれたのを感じました（普段は調子よくおどけてみせる子も表情がこわばっています）。

子どもたちが私のもとまでくると一箇所に集めてその前に立ち、参会者を背にして

資料3　子どもの緊張感をポジティブにする様子

次のように話をしました（資料3）。

「たくさんの先生たちが見に来てくれましたね」

うんうんと無言で頷く子どもたち。

「緊張していますか？」

全員がうんうん！と大きくうなずきます。

「どうしてそんなに緊張しているんですか？」と私は言って、事前に用意しておいた〝背広を着たたくさんのジャガイモの絵〟を子どもたちに見せます。「目の前に広がっているのは、みんなも見たことがある収穫し終えたジャガイモの山ですよ」

すると、弾けるような子どもたちの笑い声が体育館中に響き渡ります。

「ジャガイモに緊張してもしょうがないですね。じゃあ、いつものようにみんなで学習していきましょう」

授業後、子どもたちが口々に言います。

「先生、たくさんのジャガイモに囲まれた授業、おもしろかったです」

どうやら、緊張感を「消す」のではなく、「たのしむ」ことができたようです。そんなとき、かつての記憶がオーバーラップしました。

私は学生時代、モーグル（スキーにおけるフリースタイル競技）にはまり、いろいろな大会に出ていました。スタート直前はいつも緊張です。

「3！　2！　1！」カウントダウンがはじまります。それと呼応するように、心臓が激しく波打ちます。しかし、ひとたび「ゴー」というアナウンスが流れたら、無我夢中で滑走します。これがもう、たのしくて、たのしくて。

「緊張感をたのしむ」というと、鍛え抜かれた鋼のメンタルを想像する人は多いと思います。しかし私自身は、それほど強いわけではありません。おそらく緊張感の質の問題なのではないかと思います。

（私は専門家ではないので、あくまでも感覚論なのですが）おそらく緊張感には、自分を奮い立たせる高揚感や、今度はどんな記録をだせるかなといったワクワク感をもたらす成分が含まれているのではないでしょうか。言うなれば、ポジティブ・エキス入りの緊張感です。

こうしたことは、運動会や学習発表会などのときに子どもたちにも伝えていました。

それとは対照的に、ネガティブ・エキス入りの緊張感もあります。「失敗したらどうしよう」「いい結果など出せるはずがない」「どうせ自分なんか…」という気持ちに苛まれた緊張感です。それではたのしめるはずがないし、苦しいだけです。私もそんな気持ちに囚われてしまえば、その場から逃げ出してしまいたくなるでしょう。

つまり、「緊張感をたのしむ」とは、「自分たちなら、きっとできるはずだ」「たとえうまくいかないことがあっても、きっと挽回できるはずさ」という気持ちになれるということだと思います。

それともう一つ、たのしみたいと思うことがあります。そう、ピンチです。

緊張感よりも、はるかにたのしむ難易度が高いですよね。でも、どうせ向き合わなければならないのがピンチなのですから、不安がっているよりもたのしんじゃったほうが得だと思うのです。

仲間と共に、「目の前に迫ったこの危機的状況をどうやって切り抜けるか、打開するか」「そのためにどのような情報を集めるか、だれから集めるか」「集めた情報をどう分析するか」「関係する人たちはそれぞれどんなふうに考えているか」などと、自分たちがTVドラマの登場人物にでもなった気持ちで事に当たれば、ピンチをもたのしめるのではないでしょうか。

もっとも一口にピンチといっても、相手側に非がある場合もあるし、こちら側に非がある場合もあるでしょうから、そのどちらかによって状況を受け止める心情に温度差が生じると思います。

ただ、非がどちらにあるにせよ、前者であれば「理不尽な要求をたのしもう（「事が収まれば、先生たちに話をするいいネタになるさ」）」、後者であれば「雨降って地固まると言うくらいだから、このトラブル対応を通じて相手の信頼を得るんだ」という気持ちをもてれば、いったんは狭くなってしまった視界がぐっと開けるのではないでしょうか。

言葉のもつ力

学級担任時代、隣接する中学校の先生からこんなことを言われたことがあります（社連は小学校教諭だけではなく、中学校教諭も加入する全道組織だったので、中学校の先生方とも話をする機会が多くあります）。

「うちのクラスに、発言に無駄がない（要点を押さえて端的に発言する）子どもたちが何人かいましてね。その子たちがみな似たような話し方をするものだから、『その話し方、どうやって覚えたの？』と聞いてみたんですよ。そうしたら、みな口々に『小学校のとき、佐野先生に教わりました』と言うんです」

「そうなんですねぇ」と何気ないふうを装って答えると、つづけて質問を受けました。

「佐野先生のクラスでは、子どもたちをどのように指導しているんですか？」

そこで私は、次に挙げる指導方針を伝えました。いずれも、子どもたちの「話す・聞くスキル」を磨く方法です。

1　「あのー」「えーっと」禁止令
2　「いきなり本題」で発言
3　短くてわかりやすくてキャッチーな言葉を選ぶ
4　発言はドラマ仕立ての台詞のように

1　「えーっと」「あのー」禁止令

おとなでもつい口をついて出てしまう「えーっと」「あのー」という言葉。自分の言いたいことが頭のなかでまとまらないとき、時間稼ぎに使える便利な言葉の一つです。しかし、使いすぎると口癖になってしまい、とりあえず言ってしまう言葉でもあります。

そうすると、話が間延びして、自分の言いたいことが相手に伝わりにくくなります。そこで、禁止令を出すことにしたわけです。

4月当初は戸惑う子どものほうが多いのですが、トレーニングを積むうちに、だんだんと「えーっと」「あのー」を加えずに発言できるようになっていきます。しかし、この禁止令だけを遵守していれば、自分の考えをわかりやすく端的に話せるようになるわけではありません。次に紹介する2や3とセットでトレーニングする必要があります。

2 「いきなり本題」で発言

「いきなり本題」からはじめると、発言が印象深くなります。そうできるようにするには、発言する前に考えを整理し、自分が一番伝えたいことはなにかを明らかにしておく必要があります。

ただ、そうは言っても、（よほど地頭がよい子でもない限り）頭のなかだけで整理できるものではありませんから、机間指導の際にノートに書いてあるその子の考えのなかで、一番最初に話をしたらいい「単語」に赤線を引いて回っていました。そのようにしていると、子どもたちは、〝これは先生が重要だと思って引いてくれた赤線だ〟と思ってくれるらしく、自信をもって友達に伝えていたようです。次第に私が赤線を引かなくても、自分の考えのなかで大事だと思った箇所は自分で赤線を引くようになっていきました。

3　短く、わかりやすくて、キャッチーな言葉を選ぶ

「キャッチーな言葉選びはセンスだ」などとも言われので、気後れしてしまうかもしれませんが、安心してください。ここで言う「キャッチ」とは、プロのコピーライターがつくるような不特定多数の人たちの耳目を集める言葉ではありません。「周囲の子どもたちに伝わりやすい言葉を考えましょう」ということです。

例を挙げましょう。

本校では、子どもたちに「BENTOS」と名づけたシートを配っています。これは家庭学習用のシートで、「お弁当の具をたくさん詰めるように学習内容を工夫する」という意図があります。

私がまだ30代のとき、学級担任をしていたころのことです。ある日、家庭学習のことを「今日のお弁当だ」と言い出した子がいました。それに呼吸を合わせるかのように、ほかの子が「じゃあ、ベントスだね」と言ったのです。

子どもたちにとってよほどキャッチーだったのでしょう。瞬く間に広まり、「家庭学習はベントス」ということになりました（札幌には「BENTOSS」というおもち帰り弁当のチェー

ン店があります）。これが「BENTOS」シートの起源で、本校でも使っています（「S」を一個削ったのは、お弁当屋さんへの配慮です）。

また、子どもの耳に残る「キャッチーな言葉」というのは、先生方にとっても便利なようです。

以前、他校の社会科の先生たちと交流していたときのことです。その場にいた、本校の先生の一人が、他校の若い先生たちに向かって、次のように話しているのを耳にしました。

「私は、佐野先生がつくった『価値語』を使って子どもたちに伝えているんです」

「『価値語』ですか？　それって、なんですか？」

（まぁ、そうなりますよね）

「いろいろあるけど、一つ挙げるとしたら『びっしり書く』ですね」

「びっしり書く…ですか」

（第2章で紹介した「びっしり書く」です）

「つまり、どのクラスでも全部のノートとかを詰めて書く指導をしているってことですね？」

「違う、違う、それでは『つまる』どころか、ぼやけてしまう」と彼は言います。「価値語はあくまでも『びっしり書く』なんです。全くおんなじ言葉を使わなきゃ子どもに届かないんです。クドクドしい説明は一切なし。一言でどの子にもストンと入る言葉なんですよ。それを私たちは『佐野校長の価値語だ』と呼んでいるんです」

彼は、つづけて言います。

「ほかにもそうした言葉がたくさんあって、職員集会とかでそういう言葉を聞いたら、『いただき！』と思って、言い方も話をする際の間《ま》も、全部変えずに完コピして子どもに伝えることにしているんですよ。自分の解釈や言い回しを挟むと途端に子どもに伝わらなくなっちゃうんですよね」

4　発言はドラマ仕立ての台詞のように

これは、私が若いころに読んだ吉本均著『ドラマとしての授業の成立』（明治図書出版、1982年）からインスパイアされた言葉です。

子どもたちにはよく次のように話をしていました。

「授業はドラマと一緒。だから、発表するときはドラマの台詞のように、みんなの心に響くように話をするんだよ」

「アメリカの大統領が演説するように、四隅にも視線を配りながら話をしてね〜」

こんなふうに水を向けるとまず、子どもたちの身振りが大きくなります。次に、例外なく手を広げてしゃべるようになります（まぁ、大きな身振りを私がめちゃくちゃ誉めるからなんですけど…）。

みんなが自分のほうを向いて話を聞いてくれていることがわかると、今度は自分がみんなのほうを向いて話をしたがるようになります。しばらくすると、体をグルグル回転させながら発言する子が現れました（教室の真ん中付近に席がある子どもです）。けれど、そうするのがたいへんだったらしく、発言する際には教室の前か後ろに移動して、みんなの視線を集めやすくしてから話をはじめるようになりました。この所作も、あっという間に広がりました。

とくに、子どもたちのお気に入りの発言スペースは教室の後ろ側です。黒板を向いている子どもたちが、一斉に姿勢を変えてわざわざ振り返り、自分のほうを見てくれるのがすごくうれしかったんだと思います。まぁ、そういうこともあって、当時の私の学級では、子どもたちの机をコの字に配置することが多かったのですけどね。

若い先生たちにもよくこんな話をしています。

「授業はドラマと同じ。なにかしら事件が起きます。だから、それを解決しようとする問題解決のストーリーが生まれるのです。そんな事件が起きる『本時の問い』を考えてみてくださいね」

人に求めるだけでなく、自分でも先生方に話をする際も同じです。

たとえば、職員集会（終業式後）で先生方をねぎらうとしたら、どんなふうに話を切り出せば先生方の心に響くでしょうか。例を2つ挙げてみます。

【例①】ご苦労さまでした。1学期間はいろいろありましたが、みなさんのおかげで大過なく過ごすことができました。

【例②】下校際、笑顔いっぱいで『さようなら』と言い合っている子どもたち、〝お休みになるとみんなに会えないんだな〟と名残惜しそうな表情を浮かべる子どもなど、子どもたちのすてきなふるまいをたくさん見ることができました。これも、先生方が日々丁寧に、あたたかいまなざしで子どもたちに接してくれたおかげです。

どちらの例も、先生方をねぎらう言葉に違いありません。ただ、どうせ感謝の気持ちを伝えるのであれば、先生方の琴線に触れる情景を伴った言葉かけのほうがあたたかみがあっていいですよね。もしかしたら、（たのしかったことばかりではないでしょうけど）先生方それぞれに印象に残った出来事も一緒に思い浮かぶかもしれません。

＊

私は言葉のもつ強い力を信じています。よいほうに向かうのも、悪いほうに向かうのも使い方一つです。（そう考える私は欲張りなので）単によいほうに向かうだけでは満足できません。超よいほうにむかってほしいと思うのです。

だから、先生方や子どもたちに話をする際には、ドラマ仕立ての台詞となるように工夫しています。

よく「原稿を執筆する際に一番悩むのは書き出しだ」などと言いますよね。それと同じです。「どのように話を切り出すか」もまた私を悩ませるのです。といっても、そんな悩みもまた、たのしみたいと思っているんですけどね。

第4章

もしもはいつも
―危機に強い学校をつくる―

危機管理の要諦は、「もしも、いま」「もしも、ここで」

２０１８年９月６日午前３時、たいへん大きな地震が北海道全域を襲います。北海道胆振東部地震です（北海道胆振地方中東部が震央）。

発生から間もなく停電に見舞われます。信号もつかないなかで出勤した私（当時は教頭）は、まず校舎の外側を一周して損傷等がないことを視認し、次に校舎内を見回りました。幸い、理科室の骨格模型が傾いている程度。大きな損傷がないことを確認できて、少しだけほっとしました。

次に行うべきは、「本日は休校になる」旨の保護者連絡です。しかし、停電のために校務用のパソコンは使えません。そこで、携帯電話を使って一斉メールを送信しました。この時点ではまだ、基地局（携帯電話）の予備電源が作動していたのです。

後日に聞いた話なのですが、保護者にメールできた学校は、ほんのわずかだったと言います。本校において、こうした対応ができたのには理由があります。それは前日に北海道付近を通過した台風21号のおかげとも言うべきものでした。

この台風は、非常に強い勢力で日本に上陸し、四国、近畿、東海に猛烈な雨と風をもたらした台風です（関西国際空港では最大風速58・1mを記録）。札幌も未明からものすごい暴風に見舞われ、その結果、敷地内のプールの屋根が損傷したくらいです。

台風一過の翌日、学校施設課と修繕の打ち合わせが終わって一息入れたとき、ある先生が近くのA小学校の近況を教えてくれました。

「佐野先生、休校を決めたA小学校では、停電のために一斉メールができなくて、子どもたちがみんな学校に来ちゃって、対応たいへんだったみたいです」

「そりゃあ、ほんとにたいへんだったねー」と答えると、ほかの先生が話に加わりました。

「でもさー、うちの学校でそうなったら、どうやって連絡する？」

「ん〜、学校の門のとこにでっかく貼り紙するとか？」

そんなふうに、なにかいい方法はないかと話をしているとき、ふと手もとにあった携帯電話に目がとまりました。

「スマホもインターネットにつながるよね。もしかして、携帯からも一斉送信用のメールシステムを動かせるのかな？」

みんな一様にハッとして、そのなかの一人が実際にできるかを試してみました。すると、あっさりできてしまいます。

「いやー、いいことに気づけたね〜」と言って、各自、自分たちの持ち場に戻っていきました。そんなやりとりが、まさか翌日に役に立つとは、夢にも思いませんでした。

後から考えてみると、あのときに先生方とちょっと立ち止まり、「もしも、いま、同じことが起きたら」と考えたことが幸いしました。

実はそのとき、プールの損傷箇所への対応や、校舎の外壁塗装工事の打ち合わせなどでバタバタしていたので、いったんは疑問が浮かんでも取り上げず、そのまま忘れてしまったとしてもおかしくなかったからです。

*

データ通信技術の知識がある人からすれば「なにを当たり前のことを」と思われたかもしれません。しかし、保護者への一斉メールは校務用パソコンを使用することになっていたし、大地震による停電で平静ではいられない状況下です。はたして臨機応変にその場で気づけたかといったら、私には自信がありません。

この経験の後、「危機管理の要諦は、『もしも、いま』『もしも、ここで』」が、私たちの合い言葉となりました。

危機管理の布石

２０２３年4月13日の朝のことです。

校長室にいると、職員室のほうから「ビィィィイイ」というけたたましい音が、折り重なるようにして聞こえてきました。少し遅れて私の手もとからも鳴り出します。発信元は携帯電話です。Ｊアラート（全国瞬時警報システム）でした。

私は、先生方に次のように伝えて昇降口に向かいました。

「みなさん、無線は着用していますね。私は昇降口の外に出て、登校してきた子どもたちの誘導を手伝います。Ａ先生はＨＰに一報入れ、それからすぐに保護者メールですね。お願いします」

学級担任はみな無線機を着用し、すでに教室に向かっています。担任をもっていない先生方も自分たちの分担を決め、行動に移ろうとしていました。

その日の対応状況を時系列でまとめます。

7：55　Ｊアラート

8：02　学校ホームページトップ画面に第一報

ただいま、Ｊアラートを受信しました。学校長より「Ｊアラート発信時の対応」でお知らせしたとおり、安全が確認されましたら、ご家庭の判断で登校させてください。「jinjinメール」（保護者メール）に登録されている方にはメールでもお知らせいたします。
8：07　保護者へ一斉メール送信
先ほどＪアラートが鳴りましたが、安全が確認された時点で各ご家庭のご判断で登校していただきますようお願いいたします。なお、対応の詳細につきましては、学校ホームページの「お知らせ」→「学校長より」に掲載しております（昨年11月発行）。
8：20　報道によって安全を確認。

事後の指導

当日のうちに、各学級・発達段階に応じて事後指導を行う。再度Ｊアラートが鳴ったら、次のように対応するよう再確認し、新1年生については別途お便りを配付。
①基本は家で待機　安全確認後ゆっくり登校
②外にいて異変を感じたらすぐに屋内へ避難

何人かの先生方は南玄関、北玄関、学校前交差点に分かれ、登校してきた子どもに声をかけながら校舎内に誘導、担任する教室に分かれた先生方は窓側から離れるように子どもたちを指導していました。

その間に私は、学校前で交通指導をしてくださっている交通安全指導員さんに「本日は少し遅くまで玄関の解錠をしておく」旨を伝達。子どもたちと一緒に登校してくださっている保護者にお礼を言いつつ、先生方が伝え合う情報のやりとりを無線機で聞いていました。

ここでも無線機が大活躍です。子どもたちの登校状況、通学路の状況、未着の子どもの情報、担任等の動きをシームレスに把握できていただけでなく、事前に取り決めておいた「Ｊアラート時に行動すべき事項」のすべてを全員が、落ち着いて、漏れなく履行できていたからです。このように校内と校外がつながることで、お互いに足りないところを補え合えるのです。

また保護者に対しては、昨年度のうちにお便り（「Ｊアラート発信時の対応」）を配付しておいたことで、「安全が確認されたあとは保護者の判断で登校する」（基本路線の一つ）を共有できていました（学校ＨＰでも参照できるようにしていました）。

このようにして、先生方にしても保護者にしても、いざ、Ｊアラートが鳴ったときに「どうする？　どうする？」とならないようにしていたわけです。そのおかげで、大きな混乱もなく適切に対応できたのだと思います。

８時45分には通学路を歩いている子どもが見られなくなったので、その時点で登校していない子どもの欠席確認連絡を開始しました。

対岸の火事にせず、だれもが想像力を働かせる

ニュース番組を見ていると、なにかしら学校のことが取り上げられています。子どもたちが健やかに成長しているといった報道であれば喜ばしい限りなのですが、残念ながら子どもにかかわる事故、教職員の服務規律違反にかかわる事件ばかり目につきます。

管理職は、平素から先生方を指導する立場にあります。そのために日々、事故や事件が起きないようにする手立てを講じなければならないわけですが、（残念ながら）起きるときは起きます。

そう考えれば、管理職だけが意識を高めていても、急な事態に対処できないことは明白です。先生方一人一人もまた「けっして対岸の火事ではない」といった意識を強くもっていることが必要なのです。

学校の事件・事故に対する危機管理の要諦もまた「もしも、いま」「もしも、ここで」です。そうした視点をもって「いかに想像力を働かせて事に当たれるか」が、事の成否を決めます。確度の高い危機管理体制を築くうえで欠かせないことなのです。

その一環として取り組んでいることの一つに、エピペン研修会（食物アレルギーに関する理解を深める講習会）があります。本校では、毎年春になると外部講師を招聘して行っています。

ここで紹介するのは、エピペン研修会を行った後に配付した「校長室だより」の一部です。

先日のエピペン研修会は、「具体的な場面から想起して、自分ごととして考えられた」「経験から具体を通して、まだ起きない危機を身近に引き寄せることができた」点がよかったと思います。

このごろよく思うのですが、危機管理を充実するには、「日々、どれだけ自分事としてとらえ、具体的な場面を想起できるか」にかかっているのではないかということです。日々、いろいろな学校で事故や事件が起きています。それらのニュースを〝それはたいへんだなぁ〟などと他人事に見ていては、いざ自分の身に起きたとき、（自分に非があるか否かを問わず）適切に対応することはできないでしょう。

重要なことは「もしも、いま」「もしも、ここで」という視点をもって、自分なりに想像力を働かせてみることです。いわば、危機に対するイメージトレーニングです。

以前、他県で幼稚園の送迎バスに園児が置き去りになり、熱中症で亡くなってしまうという事故がありました。たいへん痛ましい出来事ですが、〝かわいそうなことになってしまったな〟という気持ちだけで終わらせるのではなく、他山の石にするという考え方です。

たとえば小学校においても、校外学習、宿泊学習、修学旅行など、バスを利用する機会がたくさんあります。そうであるがゆえに、私たち教師はすっかり慣れてしまっていて、〝バスのなかの最終点検は運転手がしてくれるもの〟などと思い込んでしまいがちです。それは、運転手さんへの信頼感の表れでしょうか。いえ、違います。ただの思考停止です。

たとえば、次のような場面を想定してみましょう。

●走行していたバスが急停車した。
●教師が運転手さんに確認すると、2つ先の交差点あたりで煙が立ちのぼっているのが見えると言う。
●急いでバスから子どもたちを下ろし、事故に巻き込まれない場所まで移動した。
●バスの運転手が点検して回ると、一番後ろの席で寝ている子どもがいた。

●運転手がその子を起こしてバスから下ろしたときには、すでにみんな移動してしまった後だった。
●遠くから手招きしている先生の姿が見えて、その子は走って追いかけていった。
●幸い、だれ一人怪我を負う者はいなかった。

一見「ぎりぎりセーフ、よかったね」と胸をなで下ろすシーンのようにも思えますが、ここには引率していた教師の明らかな過失があります。それは、「子どもの人数確認を怠り、バスのなかに子どもを残したまま自らも移動してしまった」ことです。

「よほど軽率な教師でもない限り、そんなことは起きるはずがない」そんなふうに思った方もいるかもしれません。たしかに普段であれば、人数確認を怠ることはないでしょう。問題は、危機的状況に置かれたときにも、大局を見誤らず、冷静に行動できるかです。

実際、さきほど例に挙げた熱中症の事故にしても、原因の一つが「人数確認を怠ったこと」だったのですから。

次に挙げるのは、高校の女子野球部で起きた事故です。バッティングケージを移動していたところ不意に倒れてきて生徒が下敷きになり、意識不明の大怪我を負ってしまいました。

小学校においても、子どもが重量のある備品を移動させる場面はたくさんあります。給食ワゴン、クラブ活動で使う卓球台などです。子どもだけでなく、先生方にまで視野を広げれば、ピアノ、ステージ上にある式台、運動会で使う演台など移動させる場面はたくさんあるし、ときには子どもたちに手伝ってもらうこともあるでしょう。

シチュエーションはそれぞれ違っても、「重量のある物を移動させる」という点では共通する「見えざる危険」です。根っこの部分はみな、つながっているのです。

このように考えれば、一つの事例を見聞きしたとき、自分自身に引き寄せ、「どんな状況につながり得るのか」と想像力を働かせることが、いかに重要なのかをわかりいただけるのではないでしょうか。

そこで、こうしたケース・スタディ的な校内研修を設けるのもよいと思います。特に経験の浅い若い先生方にとっては、(あくまでも想像の範囲だし、模擬的にすぎませんが)よいトレーニングになると思います。

凡事徹底

個人情報保護にかかわっては、ニュース報道を見るまでもなく、いまだにUSBの紛失事故が絶えません。そうしたこともあって、近年厳しい対応が求められるようになりました。一昔であれば厳重注意（または訓告）で済んでいたはずですが、現在はそうはいきません。状況次第では、戒告はおろか減給処分となることさえあります。

以前、ＵＳＢを紛失したのが日曜日の20時だったことも大きな問題だとして報道された事案があります。列挙すると、次のとおりです。

- 暗号化通信を含むセキュリティ設備を完備したクラウドなどを使わず、いまだにＵＳＢなどのストレージを使ってデータを扱っている学校現場は、危機管理意識に欠けるだけでなく、時代錯誤も甚だしいのではないか？
- 週休日の職員室で、しかも夜の20時に働いているってどういうこと？
- そもそも管理職不在の職員室で仕事ができること自体がおかしいのでは？

いずれも「民間では考えられないよ」というのが決まり文句です（実際は、業種や企業方針次第なのですが、学校は子どもたちの学業や家庭環境に関する個人情報が集中してしまう場所なので、風当たりが強くなってしまうのでしょう）。また、学校事故といった危機管理にとどまらず、労務管理や教職員の職業意識まで責められてしまうことしばしば。

学校現場に身を置く者としては、さすがにそれは言い過ぎなんじゃないかと思うことも少なくありませんが、学校においては（本来であれば切り分けて考えてもよい事柄も）つなげて考えなければ対応を誤ることが多いのだろうと思います。つまり、個人情報保護の観点、セキュリティーポリシー遵守の観点、労務管理の観点、施設管理の観点などを結びつけて対応を考えるということです。

それともう一つ、重視している考え方があります。それが「凡事徹底」です。『広辞苑』などの辞書には載っていない創作された言葉で、「なんでもないような当たり前のことを徹底的に行うこと」を意味します。

学校には、「けっしてなくしてはならない当たり前」のほかにも、「いままで問題にされることがなかったから行えてきた当たり前」がたくさんあります。スマホやタブレットをはじめとする私物の扱いなどもその一つです。授業記録を取るために、子どもの活動の様子などを撮影していますが、ひとたび咎められたら正当な反論を行うことはむずかしいでしょう。

こうした「当たり前」を見直し、さまざまな観点をつなげて本当に必要な「当たり前」を整理して徹底する、そしてその整理もバランスがとれているかを常に考える。そうであってはじめて、ＵＳＢ紛失をはじめとするさまざまな事故や事件を未然に防げるようになるのではないでしょうか。

保護者対応は、「受け身の対応」をつづける限り、事態は好転しない

1 「受け身の対応」が危険な理由

近年、学校としては丁寧に対応しているはずなのに、保護者の納得を得られず、対応が長引いてしまうことが多くなってきているように感じます。そこにはさまざまな要因が考えられると思いますが、その一つに挙げられるのが、学校と保護者との受け止めの温度差です。

ずるずる長引いてしまうときはおよそ、学校のほうは「保護者からの訴えに対して、そのつど真摯に耳を傾けている」と受け止めています。それに対して、保護者のほうは「自分たちの求めに学校は応じてくれていない」と受け止めています。

こうしたとき、保護者がよく口にする台詞があります。

「先生、私の話、ちゃんと聞いてくれていますか？」

この台詞の背後には、〝自分の言っていることを重く受け止めていないんじゃないか、

蔑ろにされているのではないか〟という疑心と不満があります。

こうした感情がいったん生まれてしまうと、話をするうちにヒートアップしてきて、やがて「『はいはい』ばっかり言って、ちゃんと聞いてんのか！」と不満を爆発させます。

この時点ではもはや、保護者の歯止めはきいていません。

「学校はなんにもわかってない！」

「おかしいだろ！」

「理解しようという気持ちが本当にあるのか！」

などと怒号がつづきます。

こんなやりとりが長引けば、どんな先生であっても、やがて心が潰れてしまいます。

ではなぜ、そんなふうにしてしまうのでしょう。どの先生方も保護者の怒鳴り声や理不尽な言葉に対しても反論せず、ぐっと我慢し、辛抱強く対応しているというのに…。

その根っこには、保護者が学校に求めていることと、学校が保護者に応えようとしていることとの間のズレにあります。このズレが双方の受け止めの温度差となるのです。加えて、〝保護者の話に耳を傾けていれば、いつかほとぼりが冷めるだろう〟といった甘い考えなどもあるのかもしれません。

さらにもう一つ取り上げたいのが、保護者対応の多くを「受け身の対応」に頼っている点です。そうである限り、事態の好転は見込めません。対応の序盤でボタンの掛け違いが起きてしまえば、対応が長引いてしまうのは必然です。

昔であれば、保護者の訴えに対して、学校としての言い分を説明すれば、「それなら仕方がない」とわかってもらえることのほうが多かったはずです。そのため学校は長らく、（たとえそれが一方的な説明だったとしても）「言えばわかってもらえる」と思い込んできたように思います。

しかし実際のところは、保護者のほうが我慢して飲み込んでくれていたのではないでしょうか。その結果、大事には至らずに済んでいただけだ…と。そう考えれば、保護者対応が長引く傾向にあるのも、保護者の意識の変化に私たちが追いついていないのだと考えることもできます。

先日、ある研修会でスクールロイヤーの先生の講演を聞く機会がありました。たいへん興味深い話だったのですが、とくに印象深かったのが「トラブル対応の際には仮説を立てる」というものでした。

2　仮説を立てる―保護者の真意はどこにあるのか

たとえば、「ちゃんと対応してくれてるんですか？」という保護者の言葉に対して、学校側は「クラスでのお子さんの様子はよくなっているのでご安心ください」と返答したとします。しかし、保護者の納得を得られません。それどころか、〝調子のよいことを言って、事を済ませようとしている〟と受け取られてしまい、火に油を注いでしまった…。

この例では、なぜ、こんなふうにチグハグなことになってしまったのでしょう。

ここで発想を変え、その保護者がいったい、なにに対して怒りを抑えられないのかを考えてみます。その結果、判明したのが、（もはやわが子への対応うんぬんの話ではなくなっていて）担任の対応にどうしても納得できない〝私の不満をわかってほしい〟という思いを理解してもらえないことだったとしたら？

それが正鵠を射ているのであれば、話が噛み合うはずはないですよね。さらにこじれて対応がよりいっそうむずかしくなる様子が目に浮かぶようです。

裏を返せば、（いったんはこじれたとしても）「なぜ、納得できずに怒りつづけているのか」「そもそもどこに問題点があると思っているのか」を把握し、相手方の真意に正対して対応を考えれば、なにかしら落としどころを見つけられるはずだということです。そのために検討してみたいのが仮説です。

たとえば、次のようなシチュエーションを想定してみましょう。

【シチュエーション】

●休み時間にじゃれ合っていたBくんが、誤ってAくんにケガを負わせてしまった。
●Aくんの保護者からの電話対応がうまくいかず、こじれてしまっている。

【仮説例】

A：Aくんのケガが、当初見込んでいたよりも重傷だった。
B：Bくんやその保護者の言い分を学校が鵜呑みにしているのではないかと疑っている。
C：AくんがBくんとの関係や学級内での人間関係に不安をもっている。
D：Aくんが学校で言っていることと、家で言っていることが違う。
E：担任の対応に対してAくんの保護者が不満をもっている。
F：学校の対応に対してAくんの保護者が不満をもっている。
G：家庭内での問題を転嫁しようとしている。

現実には、A～Gの仮説のうちのいくつかが複合的に絡み合っている場合もあるでしょうし、A～G以外に理由がある場合もあるでしょう。

ここで押さえておきたいことは、次の2点です。

●Aくんの保護者の真意がどこにあるのかを考えることをせず、「とにかく相手の話をまず聞こう」といった発想で（〝話を聞くだけでも溜飲が下がるかもしれない〟などといった甘い考えで）対応しないこと。

●思いついた仮説がどれだけ真実味があるように思えても、仮説にとどめること（けっして、「この仮説が正しいはずだ」などと決めつけないこと）。

そのうえで、保護者への「質問」を考えます。仮説を絞り込むのが目的です。ただし、Gの場合などは直接的に聞くわけにはいかないので、遠回しの質問を考えます。

【質問例】

●現在、Aくんのケガの様子はいかがですか？

●Bくんや保護者の方にも話を聞いているのですが、はっきりしない点もあるので、改めていまのお考えやお気持ちを聞かせてもらえますか？

●クラスの子どもたちもAくんのことが心配なようで、「いつになったら学校に来られるの？」といった声もあります。Aくんはご家庭でどんな話をしていますか？

●学校としてもできるだけのことをしたいと考えていますが、思い至らないこともあると思います。お気づきのことをあれば教えてもらえますか？
●今回の件でなくてもかまいません。いま、ご家庭で困っていることはありますか？　など

こうした質問は、いわば学校側から「働きかける対応」とも言うべきもので、「保護者の真意を把握し、相手の求めを踏まえた対応につなげる」アプローチです。保護者からすると、学校側のこうした姿勢は、「ようやく親身になって考えてくれるようになった」という印象を与えることができます。そこまで都合よくいかなかったとしても、〝自分のことが蔑ろにされている〟などと思わせることはないでしょう。

3　自分たちに落ち度がある場合には謝罪に全降りする

自分たちに落ち度がある場合には謝罪に全降りです（ここで「全振り」ではなく「全降り」としているのは、謝罪先のもとまでしっかり「降りていく」という意図です）。

「そんなの、当たり前でしょ？」と思われるかもしれませんが、意外とそうでもないのです。相手側の反感を買ってしまう謝罪にしてしまっているケースがあるからです。

なぜ、そうなってしまうのか？　その理由は、謝罪の端々で「なぜ、そうなってしま

ったのか」を説明してしまうからです。説明する側としては、そうすることが誠実な対応だと思っているのでしょうが、相手側は不誠実な対応だと受け止めます。

なぜなら、理由や原因の説明は、謝罪ではなく釈明だからです。相手の怒りが収まっていない最中、学校側の立場や考えを説明し、誤解や非難を解いて理解を求めようとしても無理な話で、怒りに火を注ぐだけです。

また、「自分としてはよかれと思って行ったことですが、そう思わせてしまったなら申しわけない」といった謝罪は論外です。保護者には、自己正当化のための言いわけにしか聞こえません。

ここで考えておきたいのが、学校と保護者との意識の不一致です。

（近年では、保護者の立場のほうが強いという見方も少なからずありますが）学校は、保護者との関係を対等だと考えがちです。しかし、保護者のほうは対等などとはみなしていません。ある意味、学校は怖い相手なのです。なぜなら、わが子の評価者だからです。

お互いの関係が良好なときは問題になることはありません。ただ、そういうものだと受け止めてくれます。しかし、ひとたび学校と対立してしまえば、わが子の学業成績や生活態度を人質にとられているようなものです。それがために「わが子が不遇の目に遭うのではないか」というリスクを抱えるのです。

ですから、（感情の赴くままに勢いで乗り込んでくることのほうが多いかもしれませんが）学校と本気で事を構えるときには、「不利益も辞さない」「もう後には引けない」と決意を固めます。ときには弁護士を雇うなどして強固な鎧を身にまとい、背水の陣を敷いて学校と対峙してきます。

このように、保護者にとって学校は「対等な相手ではない」ことを肝に銘じて「保護者のもとに降りていき、全降りで謝罪できるか」が、その後の展開を大きく左右するのです。

私が考える謝罪の要諦は、次のとおりです。

●問題視された行動について、だめだったことを当事者に謝罪させる。
●管理職としても指導が足りていなかったことを詫びる。
●教育委員会に対しても、学校からしっかりと報告を済ませたことを伝える。
●今後、二度と同じことを起こさないことを真摯に誓う。
●子どもに対してもきちんとした姿勢で謝罪する。

さきほどは、謝罪すべきときに釈明するのは悪手だと述べましたが、全降りで謝罪し終えたうえで、保護者の側から「なぜ、そうしてしまったのですか?」などと質問されたならば、今度は釈明すべきときです。自己正当化だと受け止められそうな言い方は避けつつ、事の経緯、理由、意図、原因を詳しく説明したうえで、「やはり私たちの対応が間違っていたのです」とつけ加えます。

このように全降りで謝罪すれば、即座に解決というわけにはいかなくとも、お互いに歩み寄る糸口になることは間違いありません。

しかしときには、(右に挙げたことは承知しているのだけど)真っ先に釈明したい気持ちに駆られてしまうこともあります。その背後には、〝自分たちだけが悪いわけではない。保護者にだって…〟という気持ちがあります。実際、そのとおりです。どちらか一方に非があるなどといったことはないからです。加えて、〝もし全降りで謝ってしまったら、どんどん要求がエスカレートしてしまうのではないか〟といった不安もあります。

たしかに、エスカレートしてしまうこともあるでしょう。しかし、釈明を混ぜた謝罪にしたところで、いい結果にはなりません。

なぜなら、どれだけ真摯に対応していてもなおエスカレートするケースにおいては、「まずは要求を押し通す。それが通らなければしつこく要求をつづけ、通れば新たな要求を突きつける」といった要求それ自体(場合によっては、学校を痛めつけること)が相手側の真の目的だからです。こうした場合には、その時点で毅然として対応すればいいだけのことです。

いずれにしても、あらかじめ予防線を張り、曖昧な謝罪で済まそうとすれば、間違いなくこじれます。

私自身、謝罪にうかがった家庭で耳の痛いことを言われたり、罵倒されたりしたこともたくさんあります。そんなときにも、〝自分たちは謝るためにここに来ているんだ〟というマインドをもっていれば、謝罪の言葉に誠実さが宿ります。そうやってまずは謝罪を受け入れてもらう状況をつくることが大事なのではないかと思います。

学校組織の感度を上げる

1　情報は校内でフルオープン

このように全降りで謝罪しなければならない事案が起きたときは、当事者や管理職のみならず、すべての学年主任を集め、フルオープンで次に挙げる情報を共有します。

●時系列での事案の整理

●主訴はなにか
●実際の事実はどうか

また、右に挙げた状況や経過を共有するだけでなく、一段落ついた後には、どのような決着を迎えたのか、どのようにしてそうなったのかについても共有します。

そうするのは、先生方一人一人に「『いつでも』『だれにでも』起き得ることだ」ということを知っておいてもらいたい（または、忘れないようにしてもらう）ためです。

学校でなにか問題が起きるのは、多くの場合、丁寧さを欠いていたり、ついつい言い過ぎてしまったり、やり過ぎたり、うっかり忘れてしまっていたりしたときです。

それがわかっているのならば、そのつど、問題に発展するかもしれないと予見し、火を噴くまえに早期対応できればよいのでしょうが、いずれも「ちょっとしたミス」であるがゆえに、ついやり過ごしてしまって事が大きくなるといったパターンでしょう。実際、こうしたミスのほとんどは、結局トラブルに発展しないことも多いことから、余計に軽視してしまいがちです。

だからこそ、全体に共有することによって〝些細なことだけど、放っておけば大事に至るかもしれないぞ〟といった警戒心につなげていけると考えたわけです。こうした「ちょっとしたことにもフックをかけられる教師としての感性」は、センスという言葉で語られることが多いのですが、私は経験値だと思います。

加えて、当事者ではない学年主任においても、他山の石として、事が起きたときに各学年主任がどう動くのかを知るよい機会ともなります。

もちろん、問題らしいことなど起きないのが一番ですが、なにも起きないなどといったことはないのが学校です。学年主任が踏んだ場数はそのまま、学校全体の危機対応能力の指標ともなるものですから、模擬的な経験であっても役立つのではないでしょうか。

2 「察する力」をもっている先生が多い学校は危機に強い

本校における外部からの電話対応は、教頭先生、担任をもっていない3人の先生、事務職員、校務助手、相談支援パートナーさんが積極的に担い、担任に取り次ぐ必要があれば、その旨を無線で伝達します。

コロナ禍では、同時多発的に学級閉鎖が起きていたわけですが、「あと一人の陽性が確定したら学級閉鎖にする」というスタンバイ状態の学級が複数ある状況だったのと、電話対応を担っていた先生のうちの2人が体調不良で休んでいたこともあって、その日は朝から電話は鳴りっぱなしでした。

「今日はリモートでの学習は予定されているか？」といった問い合わせが多くなることは想像に難くありませんでした。前述したように、人手が圧倒的に不足していたので、リモート学習の予定をつかめていないのではないかと心配されましたが、杞憂でした。

電話対応に追われていた先生の手もとには、クラスごとのリモート学習の予定を記したメモがありました。電話対応が落ち着いたところで尋ねてみると、こうした問い合わせがあるだろうことを見越して教頭先生が各担任にあらかじめ確認しておいてくれたというのです。まさに教頭先生の「察する力」によって、次々とかかってくる電話にも的確に対応できたということです。

管理職に限らず、先生方が「察する力」をもっているのとそうでないのとでは、（学校経営においても、学年経営においても、学級経営においても）危機に対する対応力に雲泥の差が生まれます。

3 トラブルに発展する可能性の低い出来事に対してこそ感度が必要となる

普段の職員室でも同じです。感度の高い先生方が集まれば、日常の何気ない場面で見過ごしてしまうようなことにも引っかかることができるようになります。

たとえば、A先生が職員室でずいぶん長いこと電話をしていたとします。しきりに謝罪の言葉が聞こえてきたり、逼迫した様子であったりするわけではありません。淡々と話をしているようです。そのような場面であれば、とくに気にせずスルーすると思います。

こんなとき、隣にいた学年主任のB先生が〝あれ？　なんかおかしいな…A先生は普段、長話なんかしないのに…〟と感じて、電話が終わった後にそれとなく「なんかあった？」と尋ねてみたとします。それに対して、A先生は次のように答えます。

「実は、話し好きの人のようで、なかなか電話を切らせてもらえなかったんですよ」

それが理由だとわかれば、「なぁーんだ、そんなことだったのか」と笑い話にすることもできるでしょう。

しかし、A先生は教師としての経験が浅く、最初に思ったことが正しい認識だと思い込んでしまう傾向があります。それが災いして相手の真意を読み違えていたとしたら？

そんなふうに想像できる感度があれば、「もうちょっと詳しく話の内容を聞かせて」と再度尋ねることができるでしょう。その結果、大きなトラブルに発展するかもしれない予兆であったことが、時間差で判明するかもしれません。

とはいえ、学校において、右に挙げた例が実際に起きる可能性はけっして高くはないでしょう。ここで問題にしたいのは、可能性の低い出来事に対してこそ働く感度の高さです。

気になって聞いてみても、なんでもなければ「心配性だなぁ」などと笑われてしまうかもしれません。しかし、それでよいではありませんか？　だれ一人損をする人はいません。しかし、滅多に起きないことが突然起きてしまうこともあるのです。可能性の低い出来事にもビビっと反応できる感度は、教師としての優れた能力の一つだと思うのです。ただ、そうはいっても一朝一夕に身につくものではありません。個人の才覚によることもあるし、教職経験の長短にも左右されるでしょう。しかし、私は後天的に身につけられる能力だと思います。多くの先生方が身につけられれば、組織全体の感度も上がるはずです。

そう考えれば、学年主任会をはじめとした日ごろの集まりの場で、「危機に際して、なにをどうしたことが功を奏したのか」を共有することのメリットが、こんなところにもあるのだと思います。

実際、大事に発展するトラブルの芽は、〝このままで本当に大丈夫なのかな〟と思いながら、だれにも打ち明けずに心の内に仕舞い込んでしまうことで発芽します。しかし、組織全体の感度が上がっていれば、その先生の普段とは違う様子にだれかが気づいて、「なにか、あったの？」と声をかけてくれます。その結果、トラブルの芽が生長してしまう前に事なきを得ることができるのです。

私の経験上も、これまでに幾度となくあったことです。

毅然とすべきときはけっして引かない

教頭として赴任したある学校でのことです。放課後、空き教室を使って活動している営利目的の団体がありました。

放課後の目につきにくい空き教室を使っていたこともあって、だれが校舎に入ってきたのか把握しにくく、使用を許可していない教室に入ってしまう可能性があるなど、安全上の問題も指摘されていました。

「なぜ、そんな団体に施設利用の許可が与えられたのでしょう」と校長に尋ねたところ、「そこのA氏（団体の代表者）があまりにもしつこく、しかも高圧的に要求してくるものだから、当時の校長がつい許可してしまったそうなんですよね」という話でした。

そこでまずは本校での実態を調べることと、他校での様子を情報収集するところからはじめました。すると、A氏は本校で許可されたことを前例として振りかざし、他校でも同様の要求を行っていることがわかりました。

〝これは悪質だな〟と判断した私たちは作戦を練り、次に挙げる事柄を根拠にして、A

氏に対し「今年度より本校の空き教室を使用できない」旨を通知しました。

●本案件における空き教室の使用は、学校教育上重要な個人情報保護に支障を来す危険性が高いこと。

●本案件のために、各教室にカギを新たに設置したり、使用時間中に学校関係者が活動を見守ったりするなどの対応を行うことはできないこと。

●右に挙げた事由により、本案件は学校教育上重大な支障があると判断され、法令に定める以下の要件を満たしていないこと。

【根拠法令】

学校施設の確保に関する政令第三条　学校施設は、学校が学校教育の目的に使用する場合を除く外、使用してはならない。但し、左の各号の一に該当する場合は、この限りでない。

一　法律又は法律に基く命令の規定に基いて使用する場合

二　管理者又は学校の長の同意を得て使用する場合

2　管理者又は学校の長は、前項第二号の同意を与えるには、他の法令の規定に従わなければならない。

〔施設確保令第三条第二項に定める他の法令（一部）〕

学校教育法第百三十七条　学校教育上支障のない限り、学校には、社会教育に関する施設を附置し、又は学校の施設を社会教育その他公共のために、利用させることができる。

社会教育法第四十四条　学校（国立学校又は公立学校をいう。以下この章において同じ。）の管理機関は、学校教育上支障がないと認める限り、その管理する学校の施設を社会教育のために利用に供するように努めなければならない。

これで納得してもらえればよいのですが、そう簡単にはいきません。案の定「昨年度までは許可してもらっていたのにおかしい」と学校に乗り込んできました。

私たちは、「法令に準拠しているかの確認が不十分なまま、これまで許可していたことが間違っていたのです。そうであるにもかかわらず許可しつづけてしまい申しわけなく思っています」と謝罪しました。

この謝罪は、「全降り謝罪」の項で述べたものとは異なり、誤った運用を正すという名目のもとに、「そうした運用をつづけてしまったこと」に対して行った謝罪です。その真の目的は、相手方の主張の正当性を無効化し、それ以上の要求をできなくすることでした。

実際、その思惑はうまくいったのですが、それだけでは引き下がってくれません。今度は、「その代わりに体育館の貸出し枠を増やしてくれますね」と要求してきました。こちらもそう来るであろうことは織り込み済みだったので、次のように説明し、要求を退けました。

●今年度中の枠はすでに埋まっていること。
●年度途中の変更は、他の団体の理解を得られないこと。

そのうえで「体育館の貸出し枠の調整を行う次年度の代表者会議で話題にしてみてはどうですか?」と投げかけたことで、ようやく引き下がってくれました。

しかし、これで問題が解決するわけではないことはわかっていました。そのため、けっして後手に回ることなく、決定的な先手を打つ必要があります。

というのは、事前の聞き取り調査において、他校で他の団体の代表者に恫喝まがいの要求を突きつけて、枠を増やすよう無理強いしていることがわかっていたからです。これで一段落などとしてしまえば、今度は、本校の施設使用にかかわる諸団体に対しても同じことをするであろうことは明白です。

平素より体育館を使用しているのは、地域の少年団や地域住民であり、団体の代表者は本校に子どもを通わせている保護者です。こうした人たちが一堂に会する代表者会議で、A氏に恫喝されるような事態はなんとしても避けねばなりません。

そこで、次年度の代表者会議を行う前に、改めてどのような場合に学校施設を使用できるかについて説明を行いました。

このときは、実際に本校の施設を使用する際の注意事項と管理方法を伝えるための説明なので、国の法令の規定をもち出すのではなく、次の5点を示しました。

① 校舎等の使用に関しては、札幌市教育委員会学校等使用規則並びに本校施設使用の約束を遵守し、学校の教育活動に支障のないように努めること。

② 活動にあたっては、年度末（3月）に代表者の打ち合わせ会をもち、次年度の利用希望団体の確認及び申し込み、使用の約束の確認、活動場所の調整、使用日程の調整を行う。この代表者会議は、校下の少年団活動であることから本校の保護者で構成する。

③ 使用にあたっては、「一般開放」を止めて本利用を可能としているため、学校の担当窓口（教頭）か、週休日等については、施設利用管理員が管理することとなる。

④ 使用にあたっては、学校の教育活動に支障のない範囲で許可するため、許可の最終決定は

学校長が行う。

⑤　右に挙げた①〜④を本校施設の目的外使用の要件とし、それに該当しない団体には使用を許可しない。

この説明のポイントは、②で傍線を引いた「この代表者会議は、校下の少年団活動であることから本校の保護者で構成する」の部分です。これにより、代表者は本校の保護者で構成されることになるので、A氏が本校の少年団関係団体の代表者会議に参加することはできなくなりました。一つ一つ丁寧に整理することで、危機を未然に防ぐことができたわけです。

なお、この整理の仕方については、同様の措置を講じることができた学校もあり、結果うまくいったようですが、なかなかにむずかしい案件でした。

エピローグ

とある教育者の日常

一度きりのチャンスをものにする

若干、穿ちすぎる見方かもしれませんが、講演などの依頼を受けた先で「勉強させていただきます」などと言っていると、〝次はもう呼んでもらえなくなるかもな〟と考えてしまう自分がいます。というのは、一見すると謙虚さを示している言い方のようでいて、自分を招聘してくれた相手方の求めに応じるつもりはないと宣言しているかのようでもあるからです。

どのような研究会や講演会、座談会などにも、必ず掲げているメインテーマがあります。そのテーマに即して話をしたりアドバイスしたりしてもらうのに適任だと思う人選を主催者側は行います。私もその立場になることが多いので、仲間とともにいつも頭を悩ませています。そうした熟慮のうえで選ばれるのが登壇者です。

当然のことながら、会の当日、主催者が登壇者に求めるのは、メインテーマに興味をもって集まってくれた参加者が喜んでもち帰られる「考え方」「方法」「問い」などを提供してくれることです。けっして登壇者に勉強してもらうためではありません。

そうであるはずなのに、「今日は勉強させていただきますね」などと言われたら、私などはつい、次のように思ってしまいます。

〝社交辞令のようなものなのだろうけど、そういうつもりでお越しいただいたわけではないんだよなぁ（メインテーマに正対して参観者に有益な情報提供をしてくれるか、心配だなぁ）〟と。

そんな私も、ありがたいことにさまざまな会合に呼んでいただく機会があります。そうしたとき、「自分が勉強させてもらうために行くわけじゃないんだから、主催者の期待に応えられる準備をしっかりしないとな」と襟を正すようにしています。

このように考えるようになったのにはきっかけがあります。

いまからもう15年近く前のことです。文部科学省が編集している月刊『初等教育資料』（2009年4月号）の座談会に呼んでもらったときの経験です。4月号に掲載するということで、座談会の開始日は1月のまだ松の内が明けたころでした。

依頼を受けた私にとっては、青天の霹靂です。〝これはたいへんなことになったぞ〟と怖れのほうが先立ちました。

座談会のテーマは「新教育課程の全面実施に向けた移行期の諸準備」で、座談会当日の私の役割は、社会科教育を研究する立場からテーマに即した学校現場の話をすることでした。

当時はまだオフィシャルな場で話をする機会などほとんどありませんでしたから、〝下手を打ったら、社会科に一生懸命な全国の先生方や、研究主任の先生方をがっかりさせてしまう〟と感じたのです。

そこからは猛勉強です。あんなに勉強したのは入試のとき以来です。

当時の学習指導要領（平成10年版）と、告示されて間もない新しい学習指導要領（平成20年版）が定める「目標」や「内容」を読み比べ、「解説　社会編」を読み込み、社会科の特色や当時の勤務校の研究の特色はなにかを考えたり、平成23年度より全面実施が予定されていた学習指導要領において、札幌市ではどのような実践を展開しようと考えているか、そのためにどのような準備（移行措置への対応）が必要なのかを自分なりに書き出したりしてみました。

しかし、自分の頭だけではモヤモヤは消えません。そこで、年の瀬もおしせまった深夜、先輩の先生方にメールで意見を求めたり、社会科の仲間に話を聞いてもらったりしながら年を越しました。

座談会当日は、ただただ無我夢中。どれだけ読者の先生方に有益な情報やヒントを与えられたのかはわかりません。

それから数日経って、思い至ったのが「招聘された自分が行うべきは、当日に勉強させてもらうことではない。自分に求められた役割を果たすために勉強しておくことなんだな」ということでした。言い換えれば、チャンスはいつも一度きり。そのチャンスを生かすも殺すも準備次第。

そしてこれは、別に大舞台に立つ場面だけの話ではないと思います。校内の研究授業に挑む場面だって同じ。子どもたちの前に立って平素の授業を行う場面だって同じ。本質的にはなにも変わらないのです。

（どれだけの準備ができるか、時間的・労力的制約はありますが）そんなふうにしているうちに、（どのような分野であれ）自分のなかに確かな理解が生まれ、教育者としての見識と専門性が培われていくのだろうと思います。

正しさなんて、本当に人それぞれ

私は社会科が大好きです。好きすぎて、どんな場所に足を運んでも、教師としての「社会的事象の見方・考え方」を働かせたくなります。

家族旅行もそう。計画を立てては、（神社仏閣、歴史的な事物や人物ゆかりの地など）社会科と関係する場所をコースに組み込みます。要するに、教科書に載っている場所を訪れて、資料に掲載された写真と同じアングルで撮影したいのです。家族旅行にかこつけて、私の趣味に家族を巻き込んでいるわけですね。

鎌倉旅行に行った際には、なんとしても切り通しの写真がほしくて、家族みんなで山歩き（**資料1**）。またあるときは、海を背にした五色塚古墳（**資料2**）を撮りたくて、大阪から姫路に向かう途中、わざわざ高速を降りて現地へ（その家族旅行の最終目的地も姫路城…）。

子どもが小さいうちは、キャンプなどもよく行いましたが、余市のキャンプ場に出かけたときの真の目的は近くにある漁協への取材でした。教材研究の一環として、漁獲量を自主制限している取組について調べるためです。家族とテントで一夜を過ごした早朝、私はスーツに着替え、家族にひと声かけて出かけていきました。

資料1　鎌倉名越の切り通し

資料2　海を背にした五色塚古墳

漁師のAさんには、エビ籠やカニ籠を見せてもらいました。社会科の授業で、私は子どもたちに「籠の目が小さいほうがたくさん獲れるのに、漁師のAさんはなぜ、そうしよう

とはしないの?」と問いたかったのです。その答えは漁獲量の自主制限であることを知識として知ってはいましたが、実際に従事する方の話を直接聞きたかったわけです。

漁場の一角で、現在使用している籠と、10年ほど前まで使っていた籠の双方を見せてもらうと、籠の目が大きくなっていることが一目瞭然です。そこで、Aさんに「エビやカニを獲りすぎないための取組だというのはわかるのですが、2割も削減する必要が本当にあるのですか」などといくつかの質問をさせてもらいました。

おかげで教科書やネットの情報だけではわからない裏話をたくさん聞くことができました。授業で実際に扱うかは別として、従事者の知恵を知っているのとそうでないのとでは、知識の厚みが段違いです。同じ「問い」であっても、子どもに伝わる凄みが変わるのです。

ほかにも、天塩漁協にうかがって取材したこともあります。この地域は、天塩川の淡水と河口際の海水がちょうどよく混ざり、大きなしじみを水揚げできる有名な漁場です。

このとき考えていた「問い」は、「天塩ではなぜ、漁期がまだ残っているのに、漁協のBさんはしじみ漁をやめてしまうの?」です。先の例と共通するのは、いずれも「水産業における持続可能な取組の特色や意味理解に届く学習をつくること」でした。

このようにして、家族旅行にかこつけて道内各地のキャンプ場に行っていました。いつも取材を兼ねていたものだから、妻はきっとあきれていたと思いますが、（その当時はまだめずらしかった）苫前の風力発電の巨大なプロペラを間近で見られた息子や娘は大喜び。そうしたこともあって、〝まぁ、よかったんじゃないかなぁ〟と思うことにしています。

万事そんな調子ですから、「私は常識人としてちょっとズレているんだろうな」と考えています。まったく同じものを見ていても、私が思い描くことと、ほかの人たちが一般的に思い描くこととはいつも違う。

そのおかげと言いますか、自分の考える正しさを人に押しつけないで済んでいるように思います。正しさなんて、人それぞれ。一山いくらで売り買いされるバナナのようなもの。だれかと意見が食い違っても〝なるほど、そういう考え方もありなんだな〟と受け止められるのだと思います。

ところで、北海道の小学校の3学期は、地域柄およそ1月20日くらいにはじまります。そのことを熟知している東京ディズニーランドはさすが商売上手で、関東近辺では3学期がはじまる1月6日ごろに道民向けのイベントを開催して集客します。

私たち家族もその戦略にまんまと乗せられて家族旅行を計画したのですが、ちょうどそのころ、東京で行う社会科の会合の予定と重なり、それと兼ねて友人家族と共に上京することにしました。東京に到着した初日、私は文科省の会議室で社会科の会合、家族はディズニーランドへ。

その日はもう一つ、私には大事なミッションがありました。それは買い出しです。ホテルの部屋で友人家族とパーティをしたいからと、家族から「買い出し係」を拝命していました。

ホテルは、ディズニーランドに面した一角にあります。私は会合を終えると、二家族分の食べ物と飲み物を買い込み、ホテルに向かいました。これがまた思いのほか大荷物で、しかもスーツ姿の大柄な、しかもリーゼントふうのいかつい容姿。そんな人は、ディズニーリゾートラインの車中に一人としていません。

〝会社帰りのお父さん？〟

〝あの大荷物の中身は食べ物とかだよね〟

〝なぜに、リゾートライン？〟

〝それにしても、でかい…〟

乗客からの心の声が聞こえてくるようで、視線が痛い。ホテルにようやく到着して家族に話したら、もう大笑い。

この世の中、数多くの娯楽に満ちあふれていますが、現地での教材研究、仲間と繰り広げる熱い議論、家族とのちょっとしたやりとり、日常こそが本当におもしろい。そんなふうに思います。

卒業生から届いたメール

学級担任時代は、毎時間、学習のふりかえりを書く時間を取っていました。「子どもたちの学びの足跡になるものだから」という理由で大事にしていたのです。

みんなの前で話をするのが苦手でも、クラスメイトの発言を真剣に聞ける子もいます。そうしたその子の学びの姿がふりかえりに表れます。だから、私も気づけるのです。

そんなふりかえりを見つけたら、指名してなにを書いたのかを発表してもらったり、給食の時間に「すごいふりかえりを見つけたよ～」と言ってはご飯を頬張る子どもたちに紹介したりしていました。そんなふうにしているうちに、どの子もたのしみを見いだしたようで、興味深いふりかえりをたくさん書いてくれるようになりました。

そんな子どもたちが卒業し、10年以上もの月日が経ったときのことです。当時の教え子の一人から連絡が来ました。他愛もない会話のなかでふと、「ふりかえり」の話題になりました。彼女は当時のことをたいへんよく覚えていました。

幼い頃の彼女を思い返すと、発言は控えめであまり目立つ子どもではありませんでした。だけど、いつもじっくりものを考えて、自分の考えを文章にするのが好きな子どもでした。そんな彼女から後日、こんなメールが私のもとに届きました。

ふりかえりは、私にとって、とても大事なのです。よいことがあったら、ふりかえりをして、確実に自分のものにするのです。

わたしは、忘れたくないんですよね。いいことも、悪いことも、できるだけそのまま、覚えていたい。そうやって生きていると、年を重ねるのがおもしろくなるんじゃないかなと思って。

経験や感覚がどんどん増えていくわけですから。なるべく多くのことを覚えていて、ちゃんと自分のなかで取り出せるようにしておきたいのです。つらいときとかに、思い出すのです。そうすると、強く、生きられるのではないかと思っています。

強くというのは、優しくなるということです。なるべく優しい人間であるために、強くなければならない。だからふりかえり、自分のものにして、経験や感覚の引き出しを増やしていくのです。

わたしも心の奥では明日への希望を求めているのかもしれません。希望をもって生きていたいですからね。人間だれしも、そうなのかな。

そうしてさらに、生きている意味ばかり問うてしまいますから、よく考える人間になってしまいました。たのしいです。

「明日への希望」のために、私もふりかえります。

彼女の言葉に、私はこう返しました。

「ふりかえり」は「その日の学び」をふりかえるわけだけど、それはよいことも、よくないこともひっくるめて「ふりかえる」わけ。それが、明日への希望になっているのですね。

「何度もふりかえりをして、確実に、自分のものにする」

あなたからのメールを何度も何度も読み返しながら、そうすることの大切さを私は噛みしめています。

自分が教えていたはずの子が、10年以上もの月日を経て、今度は人生を生きるうえで大切なことを私に教えてくれる。

〝教師の仕事って、やっぱりいいなぁ〟と思う今日このごろです。

おわりに

1　いまこそ、学校現場にワクワクするような風を届けたい

（ここまで読んでいただいて、いまさらどうかとも思うのですが）実をいうと、出版社から本書の企画をもちかけられたとき、戸惑いのほうがずっと大きかったように思います。

これまで、目の前のことだけを考えて邁進してきた私です。そんな私が、〝リーダーに必要な仕事の整理のつけ方など語れるのだろうか〟と…。

その後、編集担当者とは何度もディスカッションを重ねてはいましたが、その時点ではまだ覚悟が固まっていませんでした。これまで自分自身が考え行動に移してきたことへの私自身の整理が、文字どおりついていなかったからです。

しかしながら、実際に書きはじめてみると、さまざまなエピソードが思い起こされました。すると次第に、「自分が本当に書きたいことはなにか」「本書をお読みくださる方になにを伝えたいのか」が少しずつ明らかになっていったのです。

端的に言えば、（牧歌的にすぎないかと言われようとも）学校の先生というのはすばらしい職業なんだ、学校現場はとても魅力的な場所なんだと伝えたい…と。

最新の調べでは、公立学校の教員採用倍率は3・4倍で、過去最低だと言います（文部科学省調査、令和5年12月25日公表）。すでに令和6年度の採用試験も終了していますが、厳しい状況がつづいているだろうことは想像に難くありません。

少し前のことですが、「必要な仕事以外のことは絶対にしないぞ」と決意を固めて赴任してきた若い先生もいると聞きました。よくよく話を聞いてみると、「自分の命を守るためだ」ということで、〝本当に深刻なことだ〟と改めて感じます。

ほかにも、管理職のなり手が少なくなっているという話も耳にします。役職定年を迎えた校長先生が、「今度は教頭として手腕を振るってほしい」と教育委員会から打診を受けたという、とある地域の話も聞きました。

これが教育現場の現実です。そう考えると、文部科学省の施策や教育委員会の対応を待ってはいられない、教育活動に直接携わる私たち一人一人が、自分たちにできることはなにかを考え、行動を起こしていく必要があるのではないか、と感じます。

幸い私たちの職場は、たいへんなことも多い一方で、「この仕事をつづけてきて本当によかった」と心を揺さぶられることが多い場所でもあります。苦労もたくさんするけれど、それを乗り越えた先で味わえる達成感はひとしおです。そういう魅力をたくさん伝えたいと思います。

本来であれば、学校現場の仕事はいくらでもクリエイティブにすることができるはずです。無制限ではありませんが、発想次第、工夫次第。「これ以上やりようがない」かのように思える事柄にも、なにかしら創造性をもち込む隙間があるものです。

校長や副校長・教頭といった管理職だけでなく、主幹・主任を含めたリーダーが、立場に応じて創意工夫を凝らし、適切に仕事を整理できれば、徒労感に苛まれる疲労ではなく、やりがいのある心地のよい疲労を感じられる職場にしていけるのだと思います。

ぜひ読者のみなさんには、子どもたちの心にも、先生方の心にも響く実践にチャレンジしていただきたいと思います。私自身もまた、一人の教育者としてこれからもたくさん学んでいきたいと思います。

2 人とのかかわりのなかで

思えば私は、人との出会いに恵まれていたように思います。すばらしい管理職、すばらしい同僚、社会科が大好きな先輩、共に研鑽し合える仲間や後輩、そして子どもたちです。私はみんなに育ててもらいました。

とくに教え子たちには、ずいぶんと助けられてきました。沈んだ気持ちを隠しもっているとき、前に向かせてくれたのは、いつだって子どもたちでした。彼らの一つ一つの所作や言葉が、どれだけ私に光明をもたらしてくれたことか。

子どもに教える立場であったはずの私は、その実、本当に大切なことは子どもたちが教えてくれた。そもそも〝教師とはそういう職業なんじゃないかなぁ〟とも思います。教え子たちから自慢気に語ってもらえる教育者でありたいといつも思っています。

それから家族にも。とくに妻は、私の文章をいつもじっくり読み、新たな視点をくれます。あちこち飛び回っている私の背中をいつも押してくれています。

それと、東洋館出版社の高木聡さんとの出会いにも感謝します。ずいぶん昔に出席した座談会で、参加者の顔写真を撮っていたのが、月刊『初等教育資料』を編集担当（当時）していた高木さんでした。それから15年もの月日を経て、今度は本書の編集を担当してもらうことになりました。おかげさまで、私自身がこれからも大事にしたいと考えていることを整理できたように思います。

最後に、本書の推薦文を書いてくださった澤井陽介先生との出会いもまた、私にとってとても大切な縁です。幾度となく社会科研究の相談にうかがっては、貴重なご助言をいただきました。どれほどつたない実践であっても、つたない研究理論であっても、丁寧に価値づけながら、改善の方向を示していただきました。その一つ一つが、いまの私を形づくっています。澤井先生には本当に、感謝してもしきれません。

私はどうやら、長期的スパンで物事を考えるというのが、あまり得意な教育者ではなさそうです。ただひたすら前を向き、目の前のことだけを考えて、愚直に取り組んできたように思います。〝こんなことをしていて、本当にいいのだろうか〟と迷いながら行ってきたこともたくさんあったし、ずいぶんと紆余曲折してきました。

しかし、本書の執筆を機会として振り返ってみると、私が辿ってきたいずれの道も、無駄ではなかったのではないか、むしろどれも必要な道だったのではないかと思えるようになりました。これも、私の試行錯誤を支えてくれた数多くの出会いのおかげです。そんなみなさんに感謝して、本書のまとめとしたいと思います。

さてさて、私もこれから出勤です。

冬の札幌は本当に寒いですが、美しい雪景色のなかを一歩一歩、雪を踏みしめながら登校してくる子どもたちの情景は、さながら絵本を彩る挿絵のようです。

私も先生方と共に前を向き、新しい発見や出会いに感謝しながら、一歩一歩進んでいきたいと思います。

令和6年2月吉日　札幌市立山鼻小学校長　佐野　浩志

佐野 浩志（さの・ひろし）

札幌市立山鼻小学校長

昭和44年5月5日生まれ
平成7年より札幌市内で小学校教諭として勤務。北海道社会科教育連盟、日本社会科教育学会所属。一貫して社会科の授業研究を行い、「札幌市の除雪」に関する実践を日本社会科教育学会等で多数発表。令和2年札幌市立東山小校長を経て、令和3年より現職。
令和5年度札幌市教育実践功績表彰・個人表彰を受賞
平成28年～ 30年：文部科学省「学習指導要領等の改善に係る検討に必要な専門的作業等協力者」「デジタル教科書の効果的な活用の在り方等に関する専門的検討会議委員」

期待される学校の
バランス・マネジメント
面倒なことを面倒くさくしない！
リーダーの仕事整理術

2024（令和6）年2月15日　初版第1刷発行

著　者　佐野浩志
発行者　錦織圭之介
発行所　株式会社　東洋館出版社
〒101-0054　東京都千代田区神田錦町2-9-1
コンフォール安田ビル2階
代　表　TEL 03-6778-4343
営業部　TEL 03-6778-7278
振替　00180-7-96823
URL　https://www.toyokan.co.jp
装　幀　中濱健治
印刷・製本　藤原印刷株式会社

ISBN978-4-491-05437-7　Printed in Japan